/主编
孙晓晖
徐文基

/副主编
李全
张晓蓉
苟树林

修身
班会
实施策略

KIUSHEN
BANHUI
SHISHI CELÜE

北京师范大学出版集团
BEIJING NORMAL UNIVERSITY PUBLISHING GROUP
北京师范大学出版社

图书在版编目（CIP）数据

　修身班会实施策略/孙晓晖，徐文基主编. —北京：北京师范大学出版社，2023.9（2025.9重印）

　ISBN 978-7-303-29320-9

　Ⅰ.①修… Ⅱ.①孙… ②徐… Ⅲ.①德育－班会－中小学－教学参考资料 Ⅳ.①G631

中国国家版本馆 CIP 数据核字（2023）第 129488 号

出版发行：北京师范大学出版社 https：//www.bnupg.com
　　　　　北京市西城区新街口外大街 12-3 号
　　　　　邮政编码：100088
印　　刷：天津旭非印刷有限公司
经　　销：全国新华书店
开　　本：710 mm×1000 mm　1/16
印　　张：9.5
字　　数：156 千字
版　　次：2023 年 9 月第 1 版
印　　次：2025 年 9 月第 3 次印刷
定　　价：48.00 元

策划编辑：伊师孟　　　　　责任编辑：伊师孟
美术编辑：焦　丽　　　　　装帧设计：焦　丽
责任校对：康　悦　　　　　责任印制：马　洁

版权所有　侵权必究

读者服务电话：010-58806806
如发现印装质量问题，影响阅读，请联系印制管理部：010-58806364

序　言

基于具身认知的德育校本课程实践

华东师范大学课程与教学研究所教授　吴刚平

　　长期以来，中小学德育的实效性和学生品德养成的生成性，一直是各级学校和教师不断追求、不断探索的主题。但作为国家德育课程补充的校本德育课程的开发，大多数学校基本停留在三个层面：一是挖掘地方人文资源的"爱家人、爱家乡、爱环境"的爱国主义教育，二是围绕"守法制、养美德、懂感恩"的学生公民素养与品格教育，三是学校组织的各类队团及社团活动。这些德育校本课程在很大程度上都只停留在校方或教师主观预设下的离身化的知性德育活动。这些德育课程内容，也许是学生发展共性的需要，亦或政治形势教育的需要，但它可能缺少学生直接参与的身心真实体验，更不能破解中小学生习惯养成缺少个性化、针对性教育的难题。

　　中小学学生的习惯养成教育，有别于学科教学。对于绝大多数学生来说，学科学习的认知起点与知识内容，以及学科知识构建的逻辑体系和教学目标具有相对的一致性，而中小学学生的习惯养成教育的教育起点与培育内容，受家庭与成长环境以及个体主观努力等因素的影响，有着天壤之别。这种差异的教育起点与无法统一的知识构建逻辑，再加上学生习惯养成策略的个性化特征，导致中小学习惯养成教育的育人目标达成，既需要高质量地实施国家德育课程，也需要合理开设校本化的德育课程，以便克服传统德育的离身化弊端，更好地破解当下"立德树人"的教育难题。

　　德育区别于文理学习的"知"与"用"，而重"言"与"行"。它需要为实现德育目标而创设出学生能身临其境、移情共感、互动交流的情绪场。这种情绪场正是具身认知理论所强调的身体在认知活动中的作用。具身认知认为心智和认知不是独立于身体的封闭的活动，它强调认知是通过身体结构、活动方式及其与环境的互动体验而形成的。

　　前些日子，我收到多年未见的徐文基教授的来信，收到了他与他的学生孙晓晖主编的书稿《修身班会实施策略》等相关材料，得知他们用十多年时间研究探索的"普通中小学班会课程化研究与实践"，获得了 2018 年国家级教学成果二等奖。在此基础上，他们围绕一线教师实践的困惑，编撰出这本引领和指导教师展开班级德育实践的成果。我阅后感触良多。修身班会课程的建设与实践，既是一次有开创意义的德育校本课程实践，也是将具身认识理论应用到习惯养成教育之中的一次有效实践。

　　徐文基教授和孙晓晖老师开创的中小学班会课程化校本实践"修身班会"，既包含前期学生全员、全域、全程参与真实情境下的班级日常劳动与管理等实践体验的隐性德育课程，也包含定期通过生生、师生的互动，将"全员担当"情境体验的结果生成为教育主题，融合到课堂的德育叙事情境教育的显性课程。在这样隐性课程与显性课程相结合的实施过程中，师生双方都成为课程的有机组成部分，都是课程的合法主体和创造者。它既包含了学生在真实情境中的具身体验，又包含了师生对教育主题与教育目标的现场生成的集体探索，是对德育过程知识化、灌输式、说教化倾向的反思和超越。

　　中小学班会课程化实践中开展的班级管理改革中的"全员担当"活动，属于校本化的隐性德育课程。虽然它没有常规课堂的教学样态，但它把门窗开关、教室卫生、图书整理、纪律维护、花卉养护、安全管理等都细化为全班每位学生持续半年甚至一学年的固定的担当实践活动，有效地将德育回归于具身的生活体验，将显性德育内容隐于潜移默化之中。这种生活化、开放性的教育情境，虽然没有一般课程那样显性的、统一的课程内容和固定的课程设置，也没有把"课时"渗透到学生在校学习的全时段，但它有十分明确的教育目标：一是培养学生自主管理班级的意识和劳动实践能力，二是培养学生敢于担当与善于担当的意志品质，三是培养学生的集体意识和集体荣誉感。它有对每一位学生都十分明晰而具体的具身体验教育内容，同时还有教师引领和培育学生担当实践的教育实施建议。它还将学生的教育评价融入到显性的班会之中。

如果说，"全员担当"的情境体验有利于培育学生的意志品格和责任担当，那么实践体验中暴露的问题和发现的亮点则是展开个性化、针对性教育的极好契机。"修身班会"的"担当法 ＋ 故事法"的教育模式，就是通过生生、师生对"全员担当"体验活动的总结、评价，进而现场生成极具针对性和现实意义的教育主题。针对这一主题，教师选择贴近学生生活、契合学生情感的德育故事与学生共享、共情，使教育产生在学生身体经验同道德认知与判断等心理过程的相互嵌入和相互影响的过程之中。正如书中学生沈奥对三年修身班会的总结：

> 三年的修身课，每节课不同的主题、不同的感悟、不同的体验。不说浮夸的话，真的从这一个个故事中，知道了做人的礼节，从日常的小贴士到人生大哲理，很偶然，但几乎每一次都是我正好缺失的东西。

学生赵佩璐总结三年来修身班会上听故事的感受：

> 在我的认知里，班会就是说说琐碎的事，但是修身班会课，彻彻底底地改变了我的看法。

> 从小到大，从来没有人能坚持给我讲故事，这三年的路，是由无数的故事铺成的，每个脚印都在变得更加自信，每个文字都在填补人格的不完美。一个故事教会我要善于说"不"；一个故事让我明白人生中的拥有都是有配额的；一个故事点亮人生信仰，做人要厚道；一个故事让我找到人生的追求，要想后面过瘾，前面就要学会牺牲……这些故事，足以牵引我一生，让我铭记一生。

这样的"修身班会"课程属于具身认知理论下的实践—反思式教学，它将课堂分为课堂之外和课堂之内两部分，课外注重学生的身心体验式实践，课内则注重对学生经验的反思和引导。

在这样的教育活动中，能够影响学生学习过程并且左右教学效果的一个重要因素就是实践与反思的情境。而情境的真实性、生动性则直接影响学生的具身体验与认知效果。所以，"修身班会"课程的实施为学生习惯的养成提供了一门有效的校本课程，也为破解德育的实效性、情感性的困惑，探索了一种可推广的校本化实践路径。希望《修身班会实施策略》一书的出版为更多中小学班主任将"立德树人"教育落到实处提供更好的帮助，惠及更多的中小学学子。

前　言

　　德育是个千古难题，难在两点，一是"落实"，二是"有效"。对于一线的德育工作者尤其是班主任而言，"德育"是个宏大的概念，如果不加以分解，就感觉"老虎吃天，无从下口"。从道德品质的基本结构看，品德的内在一致性的决定要素是"价值取向"，品德的外在一致性的决定要素是"行为习惯"。价值取向与行为习惯就从自觉和非自觉两个层面构成了道德品质的基本结构。德育，就是在这两个要素前面分别加个动词，即培养良好的行为习惯和引领向上向善的价值取向。

　　本书所描述的"修身班会"不只是一般意义的班会课，它承载着中小学班级德育的两大变革——班级管理改革和班会教育改革——的实践成果，更是全新的班级德育校本课程——修身班会课程（含"全员担当"活动的隐性课程和"修身班会"显性课程）的实践指南。因此，它是一本为广大中小学班主任在班级德育中提供借鉴、易于操作的策略性德育著作。

　　当前，大多数班主任对班级德育有以下三点认知和体验。

　　第一，只有让班级中的每一个学生都参与班级管理，才能调动每一位学生的主动性和积极性，才能让每一位学生在体验中得到锻炼。现有的班干部管理机制是少数班干部管理绝大部分同学，这种管理机制是有缺陷的，亟待改进。

　　第二，空洞的说教是导致学生逆反最直接的因素之一。随着学生年龄的增长，简单的告诫、理性的结论和空洞的说教不仅使教育的作用越渐减弱，还会引起学生的抵触和反感。班主任们感知到了这一点，但却不太清楚采用什么方法改变（替代）说教。

　　第三，单靠教育者威权的督促与监督，学生的发展潜力是不大的。但没有外在的监督力量，学生往往又不能自主安排、自主规划。苏霍姆林斯基认为"只有能够激发学生去进行自我教育的教育，才是真正的教育"，但是在班级管理、班级德育过程中，究竟采用什么样的策略，搭建什么样的平台来激发学生进行自主管理自我教育呢？很多班主任可能认知上到位了，但实操上却相当缺乏。

"修身班会"的实施可以较好地解决以上三大问题。所以，这本书是一本专为一线班主任提供理论引领和实践指导的班级德育著作。本书是继《让品格同青春一起成长——如何上好常态班会课》《修身班会课教师用书（中学）》《修身班会课教师用书（小学）》之后的第四本中小学班级德育系列图书。"修身班会"中的"故事法"教育所涉及的故事案例等可以参见《修身班会课教师用书（中学）》《修身班会课教师用书（小学）》。本书侧重"修身班会"实施的各个环节操作，更具体、更细致，供广大班主任在教育实践中使用。

目 录 C O N T E N T S

第一章　班级德育的改革

2012 年，在十多年前期探索的基础上，成都棠湖外国语学校（原四川双流棠湖中学外语实验学校）的"普通中小学'班会课'课程化建设实践研究"课题，被四川省教育厅教育科研规划办批准为四川省教育科研资助金项目重点课题（课题编号：201207）。经过四年多的研究与实践，该课题于 2016 年 11 月 11 日顺利结题。2018 年，该课题研究成果"普通中小学班会课程化建设与实践"荣获国家级教学成果二等奖、四川省第六届普通教育优秀教学成果一等奖。以修身班会为代表的班会课程体系也因操作性强、实效性高在四川省内外产生了较大影响。

修身班会课程体系针对当下班级德育困境，从班级管理和班会教育两方面进行了改革，形成了"智囊团—全员担当"班级管理机制，创建了"担当法＋故事法"班会教育模式，创建了以"担当总结—教师评价—故事讲述—教师引领"为教育策略的新型班会——修身班会。"智囊团—全员担当"班级管理机制让班级每一位学生参与班级管理，担起相应的职责。在修身班会中，教师对每位学生参与班级管理的结果及时予以反馈并作为教育契机渗透到班会教育；教师在反馈中及时捕捉教育主题，选择针对性的、能激发学生道德情感体验的故事进行讲述，促进学生道德内化，动其心、导其行，最终实现学生自主管理和自我教育，为班级德育落实立德树人根本任务提供了一条有效途径。

第一节　班级管理的改革

德育是教育者将社会道德规范转化为学生个体品德的过程。未成年人思想道德教育的主阵地是学校和班级。学校德育是通过实施有目的、有组织、有系统、有计划的教育影响，以促进学生品德内生外化的过程。但是，当下学校德育最大的困扰莫过于低效。

要想破冰，需要找到一个关键的切入点。对班级德育而言，这个切入点就是班级管理改革。只有对现行的班干部管理机制进行改革，才能改变大多数学生被管理、无主体性、缺乏实践体验的现状。只有对班级管理进行改革，才能让德育回归到学生的现实生活，回归到活动中、关系中，回归到人的自主性上来。只有学生全员参与、主动参与班级管理，才能改变空洞的说教、简单的告诫等低效的教育方式。因此，班级管理改革是班会教育改革的基础和前提。

班级管理改革主要体现在两方面：用"全员担当"代替班干部管理机制，用智囊团代替班长。

一、用"全员担当"代替班干部管理机制

(一)用班级"全员担当"，改变大部分学生被管理的现状

我们首先来思考下面的一组问答：

问：在班级管理中，学习委员管什么？

答：管学习。

问：管谁的学习？

答：管全班的呀！

问：管了吗？管得了吗？

答：管了……好像具体又没管什么，只是做了通知、传达之类的事。

自中华人民共和国成立以来，我国中小学班级管理一直沿袭着苏联中小学的"班长—班委—小组长"的班级管理机制。这是一种在教师权威话语主导下，少数班干部管理大多数学生的班级管理机制。这种机制在实施中至少有两大弊端。

一是它强化了少数学生在管理中的"干部"地位和"职务"意识，使大多数学生都处于被管理、被领导的从属地位。大多数学生对班集体缺少担当、缺少责任感、缺少话语权，更缺少成长所需的生活体验和自我教育。这种班级

管理模式，不符合素质教育和主体性教育的现代教育理念，更不利于每一位学生的成长。

二是由少数人担任的班干部，也是在教师的领导、指挥下去实施决策，不是主动地发现问题、想办法解决问题，决策权被弱化。加之一些班干部的职责宽泛不具体，如学习委员、生活委员等，实施决策窄化为传达通知，甚至虚化至无。

针对此，我们班级管理改革的第一项举措就是用"全员担当"代替班干部管理机制，改变大多数学生被管理的现状，改变班级管理缺乏学生自主参与的现状，让每一位学生都能真正地、主动地参与班级管理。

"担当"在这里是一个名词，指向具体的职责、明确的分工。"全员担当"是将班级生活的每一项具体的事务交由班级的每一位学生去关注、去组织、去检查、去记录、去评价的班级管理架构。例如，"学科课代表担当"关注学科课堂、学科学习，"班级门窗担当"管理班级门窗的开关，"花卉仙子担当"承担班级花草、饰物的整理照料，"地面检查员担当"负责教室卫生的检查监督，"课间操担当"负责组织课间操活动，"零食管理员担当"负责同学们不健康饮食行为的提示……我们要求班级中每一位学生须负责至少一项班级工作，小学低段一般一个学生负责一项，大多数初中学生可负责三至四项。

"全员担当"让每一位学生承担起班级至少一项细小而具体的事务管理工作。这是一种学生全员担责、自主管理的班级管理机制。它强化了学生在管理中的自主地位和职责意识，克服了传统"班长—班委—小组长"班级管理机制中的学生干部地位和职务意识导向。在这种管理机制下，学生真正成为班级管理的参与者、评价者和决策者；班主任不再是事无巨细的管理者，而是班级管理的指导者和引领者。

(二)"担当"的设置

1. 如何为每一位学生设置"担当"岗位

首先，为了避免班级"担当"岗位的设置有遗漏，班主任可以分别以空间和时间来梳理并初步设置"担当"，空间有教室、寝室、路队、食堂、操场等，时间有早自习、放学、周末和节假日等。

以空间梳理的"担当"岗位有：

教室安全类：教室安全担当、走廊安全担当

教室卫生类：卫生大组长、垃圾桶担当、瓷砖担当、拖把担当、扫把担当、毛巾担当、地面担当、水槽担当

教室美化类：黑板报担当、张贴栏担当、文化墙担当

教室讲台：黑板槽担当、水槽换水担当、教具担当、擦讲桌担当、粉笔担当、纸巾担当、讲桌帕子担当、投影仪担当、讲桌下保洁担当

教室图书柜：书柜整理担当、图书借阅担当、图书数量担当

寝室：男生楼长、女生楼长、寝室长

路队：男生路队长、女生路队长

食堂：排队打饭担当、收拾餐盘担当、"光盘行动"担当、检查是否就餐担当

操场：外出安全担当、集合整队担当、集合清点人数担当

以时间梳理的"担当"岗位有：

早晨朗读担当、自习课担当、出门条担当、眼保健操担当……

其次，在初步设置"担当"岗位的基础上，班主任可以根据每位学生的性格、能力、意愿等进行调整。值得注意的是，小学低段学生一般一人担任一项，职责越细越具体越好，随着能力的提高逐渐可以一人担任多项。初中大多数学生可担任三至四项。（见表1-1、表1-2、表1-3、表1-4、表1-5）

表1-1 小学一年级班级担当表

姓名	班级担当1	班级担当1职责	班级担当2	班级担当2职责
赵同学	走廊安全担当	负责教室外走廊范围内的安全，提醒同学文明休息，不奔跑		
史同学	办公区安全担当	负责教室到卫生间之间的安全，提醒同学文明休息，不奔跑		
何同学	游戏区安全担当	负责游戏区的安全，提醒同学文明休息，不奔跑；注意保护游戏器材		

姓名	班级担当1	班级担当1职责	班级担当2	班级担当2职责
任同学	室内安全担当	负责教室内的安全，提醒同学文明休息，不奔跑		
陈同学	室内地面卫生担当	负责教室地面卫生，提醒同学课间清理自己周围的垃圾		
喻同学	走廊卫生担当	负责教室外走廊的卫生		
宋同学	卫生角管理员	负责卫生角的地面整洁和物品摆放		
张同学	环保小卫士	早晨和中午各检查一次垃圾桶，并及时清理	午餐纪律担当	提醒同学饭前静息，安静排队打饭
胡同学	路队速度礼貌担当	走在路队前面，负责控制路队行进速度和礼貌提醒		
冯同学	路队安静列队担当	走在路队中间，负责提醒同学保持安静，队列整齐	桌椅担当	负责提醒同学对齐桌椅
郭同学	上课值日担当	预备铃后组织同学静息，等待上课	主持担当	修身班会主持人
韩同学	下课值日担当	负责下课口令，提醒课后三件事	课前准备担当	按课表提醒同学做好课前准备
乔同学	早读担当	组织和带领晨读	语文担当	协助老师发放作业本，检查作业完成情况
金同学	阅读手册担当	第一节课上课前负责收集阅读手册，告知班主任实收情况	室内植物担当	负责室内植物的日常养护
易同学	运动手册担当	第一节课上课前负责收集运动手册，告知班主任实收情况		
敬同学	午餐光盘担当	午餐时负责检查同学是否"光盘"		
郑同学	午餐卫生担当	午餐后检查同学的就餐区是否干净，如有垃圾提醒同学收拾		

表 1-2　小学二年级班级担当表

姓名	班级担当1	职责	班级担当2	职责	班级担当3	职责	备注
林同学	牛奶担当	带领同学搬牛奶，提醒同学发放牛奶	1组桌椅	检查1组桌腿是否对齐瓷砖线，桌边是否对齐前方桌边			主要担当：卫生担当（桌椅整齐）
张同学	板书作业担当	每日询问老师后在小黑板写上当天的家庭作业，提醒同学完成家校联系本	书包柜柜面担当	整理书包柜柜面，保持整洁			
周同学	早读担当	带领同学早读，注重朗读	1组桌面抽屉	提醒1组同学清空桌面，抽屉物品按照"左边右边"规则整齐摆放	操行分加分员	每节课下课，为表扬的同学加分	
郑同学	"光盘"行动担当	每日午餐检查同学餐盘剩菜剩饭情况	2组桌椅	检查2组桌腿是否对齐瓷砖线，桌边是否对齐前方桌边			
佘同学	路队带队	体育课、大课间、集体活动等时间带领路队行进	走廊安全担当	提醒同学不奔跑，文明地玩游戏，注意突发情况			
胥同学	语文课代表	协助语文老师，收发作业等	6组桌椅管理员	检查6组桌腿是否对齐瓷砖线，桌边是否对齐前方桌边			
王同学	午餐纪律担当	检查并提醒同学午餐安静就餐，文明就餐	纸巾管理员	每日午餐拿卫生纸到食堂，管理卫生纸的使用，保证节约	2组桌面抽屉	提醒2组同学清空桌面，抽屉物品按照"左边右边"整齐摆放	

表 1-3 小学三年级担当表

姓名	班级担当1	班级担当2	班级担当3
田同学	语文晨读担当	科学课代表	
杜同学	课前准备提醒担当	卫生组长	
许同学	语文课代表	餐厅桌长	学习组长
钟同学	"百灵鸟"（课前一支歌）	黑板槽担当	
叶同学	图书馆馆长	餐厅桌长	操行分记录员
胡同学	英语晨读担当	体育课代表	午休室室长
徐同学	课间室内安全担当	展板担当	
李同学	餐厅桌长	卫生组长	
金同学	扫把、簸箕管理员		
黄同学	卫生担当		
陈同学	门窗担当	杂志领取担当	
邓同学	教室水槽担当	卫生组长	
程同学	抽屉担当		
项同学	教室四角担当	电脑开关担当	
王同学	垃圾桶(含袋子)担当	学习组长	
欧同学	自习课担当	餐厅桌长	
冯同学	粉笔担当	电脑屏幕清洁担当	
余同学	书柜担当	卫生组长	
翟同学	路队担当	男生楼长	
郭同学	诗词推荐官	操行分总记录员	
罗同学	走廊地面卫生担当	操行分记录员	学习组长
张同学	毛巾、拖布担当	收纳箱担当	
栾同学	体温检测担当	女生楼长	操行分记录员
杨同学	出勤记录填写担当	餐厅桌长	
沈同学	课间走廊安全担当	操行分记录员	学习组长
荣同学	卫生组长		
聂同学	灯管担当	教室外电子屏幕担当	
苏同学	走廊瓷砖担当	操行分记录员	
彭同学	钥匙担当	操行分记录员	学习组长
吴同学	兴趣班物品担当	周五放学物品担当	操行分记录员

续表

姓名	班级担当1	班级担当2	班级担当3
鲁同学	餐厅桌长	午休室室长	
廖同学	饮水机担当	美术课代表	操行分记录员
任同学	电脑键盘清洁担当	英语课代表	
向同学	操行分记录员	操行分记录员	
雷同学	卫生角瓷砖、刷子担当	小广播担当	
丰同学	指甲担当	衣着、红领巾担当	操行分记录员
周同学	教室前方黑板担当	卫生组长	
齐同学	数学课代表	学习组长	操行分记录员
刘同学	喝水、吃药担当	作业本摆放担当	
马同学	水杯担当	小园丁(花草担当)	
何同学	雨伞担当		
吕同学	黑板报担当	操行分记录员	

表 1-4 初中一年级担当表

姓名	班级担当1	班级担当2	班级担当3	班级担当4	班级担当5	班级担当6	班级担当7
白同学	601室长	英语组长	体育担当				
包同学	智囊团成员	学习组长	劳动担当	操行分记录员	消毒总管	白板担当	
陈同学	学习组长	板报组成员	制止拖堂担当	制止谣言担当	测体温总管	青蓝工程师傅	
丰同学	男生外出担当						
张同学	值日生担当	操行分记录员	寝室长	空调担当	物理课代表		
马同学	图书管理员	修身班会主持人	消毒担当				
崔同学	晨检表担当	消毒担当					
范同学	电脑担当	女生楼长	板报组成员	摄影总负责人	操行分记录员	B班转班负责人	
冯同学	板报组成员	心理课代表	物理课代表	青蓝工程师傅	室长		
刚同学	卫生负责人	零食管理员	提醒上下课担当	劳动担当	铃声担当		

姓名	班级担当1	班级担当2	班级担当3	班级担当4	班级担当5	班级担当6	班级担当7
高同学	国学担当	校服担当					
郭同学	就餐监督员	安全平台管理员	地理组长	粉笔担当			
何同学	604室长	英语组长	地理课代表	操行分记录员	数学小组长		
何同学	操行分总管	测体温担当	青蓝工程师傅	行李箱摆放担当			
胡同学	电脑担当	物理课代表					
黄同学	英语课代表	板报组成员	操行分记录员	室长	语文排长		
蒋同学	体育课代表	国学课代表	昵称担当	地理课代表	书法课代表	地面保洁担当	音乐搬书担当
敬同学	音乐课代表	历史课代表	报销担当	上课铃担当			
康同学	地理课代表	学习小组长	男生路队长	安全担当			
黎同学	英语小组长	操行分总管	讲台担当	数学小组长	谣言担当	青蓝工程师傅	
李同学	男生路队	英语组长	坐姿担当	数学大组长			
伊同学	语文课代表	微机课代表	摄影担当				
金同学	眼保健操担当	卫生组长	卫生角担当	学习组长	室长		
廖同学	男生楼长	私人心理咨询师	花卉担当	数学课代表	智囊团成员	卫生大组长	英语课代表
龙同学	政治课代表	校服担当					
毛同学	节能担当	美术课代表	安全平台管理员	修身班会课主持人	晚上消毒担当	粘贴栏担当	
彭同学	数学课代表	桌面抽屉担当	板报组成员	检查发型担当	国学担当	地理小组长	青蓝工程师傅
宋同学	英语课代表	图书管理员	课桌担当				

表1-5 高中一年级担当表

姓名	班级担当1	班级担当2	班级担当3
周同学	校服督查	校牌	
汪同学	图书管理		
钟同学	安全记录		

续表

姓名	班级担当1	班级担当2	班级担当3
廖同学	校服督查		
付同学	桌凳管理		
伍同学	门窗	看护	报修门窗
杨同学	考勤	桌凳管理	
刘同学	零食		
冯同学	课前歌声	桌凳管理	
付同学	仪表督查		
马同学	课前歌声	活动策划	守周六晚自习
肖同学	报修多媒体		
徐同学	书柜	每周一歌	
李同学	图书登记	采购	
雷同学	课前纪律		
郭同学	操行分记录		
刁同学	关门、关灯、关窗		
石同学	操行分记录	校服督查	
熊同学	绿植看护		
杨同学	校牌督查		
樊同学	媒体管理		
丰同学	粉笔		
张同学	课前歌声		
程同学	课前歌声		
鄢同学	报修门窗	采购	
唐同学	课前歌声		
黄同学	零食		
杜同学	绿植看护	操行分记录	生日活动策划
齐同学	体育课	板报	

最后，让每位学生把自己的"担当"郑重地写在纸片上，贴在教室醒目位置，践行"人人有担当，处处有责任"的理念。

2."担当"的岗位类型

班级管理架构中的"担当"按岗位职责的产生和作用，通常可以分为三类：关键担当、一般担当和创新担当。

"关键担当"是指保证班级日常正常运转的必不可少的重要岗位，如"安全担当"负责课间、路队和食堂等时空段安全督查，"学科担当"负责课前预备组织、关注同学学科学习情况并与科任老师主动协调等，"卫生担当"负责班级卫生工作的有序进行和督促检查等，"自习课担当"负责自习课的组织与评价反馈，"课间操担当"负责组织课间操活动，"电器担当"负责在课间操、体育课、放学等时间段及时关电灯、风扇、饮水机等电器，"寝室楼长"负责晚自习结束后督促各寝室的同学按时就寝、与生活教师及时沟通……这类"担当"的重要性体现在：一旦某位同学履职不力，就可能"暴露"班级在某方面的不足或问题。"关键担当"在班级成立之初可由教师指派能力较强的学生担任，也可由学生自荐、教师考查后任命。

"一般担当"是指能够覆盖班级日常学习、生活和活动中诸多管理细节并保证其有序运转的岗位。一个班级里的学生能力总有强弱，爱好总有差异，为了保证"全员担当"，可以通过"一般担当"的设置覆盖全体学生。如："花卉担当"负责班级的植物管护，小学低段的"喝水担当"负责提醒同学们养成喝水的好习惯，"仪容仪表担当"负责检查同学们头发、指甲、校服等是否符合学生规范，"桌面整洁担当"负责提醒和帮助同学们在离开教室时整理好桌面的书籍和其他用品，"操行分记录员"负责二至四人的操行分记录……"一般担当"的实施有两个作用：一是覆盖全体学生，性格内向或胆子小的学生也有机会通过"担当"得到锻炼，丰富参与班级管理的体验；二是"风险"较低，"一般担当"即使履职不力，对班级正常运行的影响不大。比如，"花卉担当"没有养护好植物，导致植物枯萎，换植物或教方法即可，影响不大。

"创新担当"是指在"全员担当"实施过程中，学生主动发现并提出某个需要新设立的岗位。如：有的学生发现班级里最近有说脏话的现象，主动提出设立"语言文明担当"；有的学生发现讲台桌面上如果有纸巾更方便教师和同学们使用，提出设立"纸巾担当"；有的学生发现不少同学坐着爱抖腿或将腿斜伸着，提出设立"坐姿担当"……"创新担当"最值得鼓励，因为这是学生主动观察、主动思考、主动提出来的，是学生主动参与班级管理的表现。在三类"担当"中，"创新担当"是最高级的，能充分调动学生自主创造的积极性，增强创新意识，培养创新思维，提高创新能力。班主任可以由学生自主定岗、自主命名、自主担任，鼓励他们主动发现"担当"空缺，创新更多的担当岗位，将班级职责细化。

3. 设置"担当"的原则

指派与自选相结合原则。"关键担当"如室长、楼长、学科担当、路队担当、智囊团成员等重要岗位可以以班主任指派为主。"一般担当"如发型总督、眼保健操担当、板报担当等可由学生自荐或自选。"创新担当"本身就是学生提出，扶持、强化学生的自主性即可。

必设与创新相结合原则。为了使班级工作能够正常有序地进行而必须设置的"担当"岗位要尽可能全面。但学生是发展变化的，因而班级管理也是动态变化的，也必然需要产生新的"担当"岗位，要鼓励学生积极主动地发现并提出。

固定与调动相结合原则。大部分的"担当"岗位可以固定，便于学生长期做某(几)件事，培养其责任感。"担当"岗位需要调动的通常有三种情形：一是"担当"本身具有培养学生良好习惯的教育意义，担当不同的责任就有不同体验，可以在学生担当一学期或一学年后，调换岗位；二是在接受方法上的指导和多次实践后仍不能胜任的学生，可以调换其他岗位；三是较为繁重艰苦的岗位，长期让某位学生承担或者对其不利，或者有失公平。比如负责早晨开教室门的"担当"，为避免学生长期早起影响睡眠，可以轮换。又如负责打扫厕所的"担当"岗位，如果某位学生三年或六年一直打扫厕所就不公平，班主任对这些细节都应考虑到。

(三)"担当"的培养

如何激发学生乐意担任"担当"的兴趣，"担当"们如何主动地履职、创造性地履职，如何与其他"担当"合作……这些都需要班主任细致考虑。

1. 激发"担当"的兴趣

面对不同层次的学生，分配、强制安排很难调动全体学生的主动性和积极性。有的学生懒惰，不想担当责任；有的学生畏难，不敢担当责任；有的学生怕担当责任会影响学业，不愿担当责任……要履践"人人有担当，处处有责任"，就要想办法让学生"心甘情愿"。如何激发学生担当责任的主动性和积极性呢？我们总结出以下几种有效的方式。

（1）巧设"担当"名称

在低段，给"担当"起一个好听的名字，以贴近学生的心理，激发其兴趣。李小琴老师这样记述其实施过程：

> 开学初，我带着我们班学生一起，将班级物品、事务一一罗列，如花草、拖布、瓷砖、扫地……然后，邀请小朋友自愿做"担当"，并给"担当"岗位起一个好听的名字。如负责课前领唱的"担当"被称为"百灵鸟"，负责护理花草的"担当"被称为"小园丁"。

（2）讲故事

简单布置任务式地让学生做"担当"，学生往往没有积极性，这就会直接影响学生履职的效果和持续性。讲故事的方式则可以让学生在故事中受到感染和启发。

（3）看视频

组织全班学生观看修身班会视频，让学生们看到同龄人通过担当责任极大地锻炼了语言组织能力、沟通能力、组织管理能力、人际交往能力、发现和解决问题的能力等，从而激发其效仿的动机。

（4）举案例

案例来源有很多：学生自己的案例、学长学姐的案例、其他学校的学生的案例、邻居家的孩子的案例等。选择典型的、贴近学生学习和生活的案例，让学生在真实案例中比对、分析、思考，感受到同学、同辈因为"担当"锻炼了能力，不仅在班级生活中有参与感、归属感、成就感，还受到他人的尊敬，等等。杨南老师这样记述一个案例：

> 小豪各方面都很普通，较为沉默寡言。在构建"担当"时，他没有选择任何岗位。我建议他担任卫生检查员，他最开始担心有些同学不听安排，自己不能胜任。我说："没关系，任何事情都是在做中学。做不好或有困难，我们一起解决。"在我一再鼓励下，他担任了卫生检查员，并逐渐胜任，在期中担当评比时，他还获得了"优秀担当"的称号。

> 初中三年，小豪进步很大，从不敢担任"担当"到胜任多项"担当"——卫生总管、小组长、英语单周过关担当，从沉默寡言到大胆大方，学业方面也有很大进步。拿通知书那天，他和他的父母说："以前

不敢想象自己能取得这么大进步!"我让他分析一下成长的秘诀,他想了很久说道:"幸亏我做了卫生检查员,因为这份担当,我体验到主动和责任……为做好这份工作,我学习如何分配任务,如何与同学们打交道,如何主动地创造性地做事。在这个过程中,我越来越融入集体,大家的评价让我慢慢自信起来。久而久之,在做任何事情时,我都想把它做得更好。"他妈妈也说:"小豪因为承担卫生检查员工作,在家里更体谅我们家长,时时帮忙做家务,跟我们的沟通也变多了。"

2. 明确担当职责

在激发学生兴趣,使其"动心"之后,每位担当要明确自己的职责,即要细化所做之事、所负之责,并在履职中不断落实、改进、补充。老师主要通过三步明确职责:细化职责、口头明确、行为明确。有老师认为在小学低段明确职责很有难度,下面是李小琴老师培养小学二年级学生担当履职的案例。

(1)细化职责

先是示范。老师带领学生讨论出某个担当岗位的职责,并记录在担当表中(细化职责)。如扫把担当的职责:第一,每天放学前清点扫把的数量,防止丢失;第二,每天放学前检查扫把是否完好,是否需要及时修理或更换;第三,每天早中晚三次在扫除后检查扫把是否摆放整齐,如果不整齐告知当天值日的组长,并督促组长及其组员摆放整齐。以此为例,组织学生进行小组讨论,每个"担当"在小组中讨论自己应尽哪些职责(再次细化职责),并一一进行表述,老师进行记录(如表1-6所示)。

表1-6 "担当"的职责

张同学	地板美容师	负责检查地板上的口香糖等遗留物的清除
卢同学	路队长	负责路队的整队、带队及评价
蒋同学	"百灵鸟"	负责每天带领同学们唱歌
张同学	"蜡笔小新"	负责粉笔的领取和摆放

(2)口头明确

细化职责后,老师请学生对岗位职责进行口头复述并进一步明确。

可以采用"开火车"形式，如：

师：同学们，祝贺你们有了一份属于自己的工作，你们是班级小担当，了不起的小担当！(掌声)你是什么小担当呢？大家依次说一说。

生：我是××担当……

师：你知道自己有哪些小任务吗？

生：(再次口头明确)

师：赶紧把你的小任务条理清楚地告诉你的同桌吧。(又一次口头明确)

生：我是××担当，我的任务是……

师：你们真了不起，不仅记住了自己是什么担当，还记住了自己有哪些小任务。明天我期待小担当们认真履职哦，我会一一记录下来，到时候在修身班会上好好表扬认真履职的担当们。大家期待吗？

生：期待。

老师布置一周的观察任务：观察哪些担当认真履职。

(3)行为明确

"行为明确"简单说就是让担当们会做事、会履职。这对小学低段学生是有难度的。以摆放扫帚为例，李小琴老师用"表演剧"的形式让小担当们学会如何做事：

(李老师亲自饰演扫帚担当，把如何扫地、如何摆放扫帚等示范给学生看)

教室里有四把小扫帚，可别小瞧它们，有了它们，教室才能干净整洁。作为扫帚担当，我的工作可重要啦！一大早，我就来到教室检查。

我来到卫生角：咦，扫帚怎么东倒西歪的？

于是我找到卫生组长：某某组长，请问你们组是谁用了扫帚？请督促他摆放整齐吧！

组长提醒组员将扫帚摆放整齐，我看到扫帚摆放得整整齐齐，才放心地走开。

中午来到教室，我直奔卫生角，见扫帚摆放得整整齐齐，我竖起大拇指：这次总算放好了，有进步！

放学前，我来到卫生角一一检查：早上是 4 把扫帚，现在也是 4 把扫帚，都完好无损，今天的工作结束了，整体比较顺利！

师：看了老师的小短剧，谁来评价评价剧中的扫帚担当呢？

生 1：扫帚担当很负责任，一天去检查了三次。

生 2：扫帚担当要求严格，没有放好，就请值日同学放好。

生 3：扫帚担当很有方法，并不是所有事情都自己做，而是要监督同学做，同学不在场时再自己做。

李小琴老师用"表演剧"和点评的形式让小担当们明确履职的具体步骤、要求，生动有趣，细致清楚，这样的培养方式务实又有效。

小学高段及初中学段，学生的认知能力和实践能力有了很大的提升，明确担当职责往往也是通过这三个步骤，不同的是教师口头明确的次数相对减少。虽然教师不用再三叮嘱，但初中的学习、生活涉及面更广，学生往往有三四个担当，有的甚至有五六个，因此也要注意明确分工，落实到人，避免责任交叉、互相推诿。杨南老师记述了一段细化"担当"分工的过程：

（讲台被各种各样的练习册、作业本占据）

师：分发作业"担当"请起立，讲台上的练习册、作业本为什么没有分发下去呀？

分发作业担当：今天的作业很多，有些还没来得及分发。而且因为有时课任老师让学科担当发作业，所以我们有时就没管。

师：学科担当请起立，请你们讲讲原因。

学科担当：我们以为有了分发作业的担当，他们会负责分发作业，所以我们就没有做。

师：同学们，听了他们刚刚给出的理由，大家对此有什么看法？能不能给一些好的建议？

生 1：建议每个学科的学科担当负责分发作业，这样可以协助科任老师快速分发作业，不会互相推诿。而且每科的学科担当与相应的科任老师交流更多，更明确哪些作业本可以提前分发，以免所有学科作业本、练习册集中分发，造成混乱。

生 2：虽然分发作业的担当有四个人，但是有的时候作业本、练习册真的很多，而且我看他们四个人下课时有的在休息，有的在外面走廊玩耍，有的要去上厕所……所以作业本才会堆了那么多。

师：那我们现在有两种方案，全班举手表决用哪种方案。第一种是分发作业担当专门分发作业，第二种是学科担当齐心协力分发作业本。

全班都认同第二种方案。

即使是高中学生，也需要明确职责。

高 2021 级 9 班担当职责

课前歌声担当：负责每天下午 2：20 课前歌声的选歌，准时组织全班同学认真唱歌，并负责唱歌过程中的纪律。

每周一歌担当：组织每周一的"每周一歌"活动，做好唱歌纪律的维持与记录工作。

绿植管理担当：负责教室内外绿植的养护工作，确保绿植的干净和盆栽周围的卫生。

三关担当：做好关门、关灯、关窗工作。

空调担当：负责空调的开关以及空调的卫生。

早操担当：负责清点早操人数并做好登记，关注做操质量，严把早操请假关。

大课间担当：负责大课间的整队、人数清点和做操质量的督查。

室内课间操担当：负责领操和关注做操质量。

眼保健操担当：负责每天眼保健操的领操和关注做操质量。

体育课担当：负责体育课的人数清点、纪律督查，做好与体育老师的沟通交流，确保体能测试成绩逐年提升。

采购担当：负责班级物资的采购并做好登记公示工作。

考勤担当：负责每天早、中、晚三个时间点的考勤，把缺席人员名单写在黑板规定位置，四晚及周六自习时将应到、实到人数写在黑板上，缺勤的同学名单及时告知老师。

粉笔担当：负责粉笔盒的整理（细小粉笔及时清理），及时补足粉笔。

讲桌担当：负责讲桌的卫生，及时清理无关物品，确保讲桌干净整洁。

教具担当：负责教具的摆放和实验用品的借还。

板报担当：负责组织同学及时高效办好黑板报。

黑板担当：负责教室前方黑板的整洁，督促值日生及时擦黑板。

图书担当：负责班级图书的收发，同时对同学看书进行督促，确保课堂和自习课无人看课外书。

书柜担当：负责书柜卫生的检查，确保书柜干净整洁。

桌凳督查担当：负责每天检查桌凳摆放是否整齐，并对凳子归位进行检查，确保班级在凳子归位方面不被扣分。

校服督查担当：负责每天检查同学所穿校服是否符合学校和班级要求，确保班级在校服常规方面不被扣分。

校牌督查担当：负责每天定点(早晨7：15、中午2：15、傍晚6：25)检查同学校牌佩戴情况，确保班级在校牌常规方面不被扣分。

仪表督查担当：每周六对男生头发进行检查，提醒并督促头发较长或不符合规范的男同学及时理发整改，每天关注同学中是否有化妆、佩戴首饰等情况。

门窗担当：负责门窗卫生的检查，排查安全隐患。

报修担当：负责班级损坏时硬件的报修和跟进工作。

垃圾桶担当：负责垃圾桶的卫生，确保垃圾桶干净。

卫生用具担当：负责卫生用具的摆放，卫生用具如缺损及时上报采购。

地面卫生担当：每天负责地面卫生的检查，督促保洁同学及时清洁。

操行分记录担当：负责每天操行分的记录，并做到每周汇总。

多媒体管理担当：负责多媒体的开关，督促空档时间对多媒体的合理使用，协助老师操作多媒体。

担当实施过程是一个不断调整、不断改进的过程。班主任发现哪个环节出现问题，及时和学生一起分析原因、商讨解决办法，既可以让担当们更明确如何履职，也培养了他们发现问题、解决问题的思维和能力。

3. 着重培养"担当"主动、创造性做事的习惯

明确"担当"职责后，班主任可以通过"教、看、评"逐步培养学生主动做事、创造性做事的习惯。

（1）教

"教"是指班主任悉心指导、亲自示范。班主任不能嫌麻烦，也不能急于求成，更不能认为安排了担当就万事大吉了。在担当履职之初，班主任应该事无巨细地教，小学低段的班主任还需要手把手地教。

"教"可以分为集体培训和一对一教。同一类别的担当实施可以集体培训，如可以在小学低段教学生如何打扫卫生。个别化的担当就一对一地教，如教粉笔槽担当如何保持粉笔槽的整洁。

（2）看

"看"是指班主任细致观察担当的履职行为，及时、敏锐地抓拍（用手机记录）他们的主动行为、进步行为、创造性表现，把这些记录作为评价的事实材料。

案例：

早自习抓拍：12 月 3 日早晨 7 时 25 分，自习担当组织学生早读，在有人扫地、有人进出的干扰下，学生们依旧在自习担当的带领下有序地早读，于是我立刻用手机拍照，以备班会课上评价与引领学生。

（3）评

"评"是指班主任对担当们在履职过程中的主动行为、进步行为、创造性表现及时给予肯定或夸赞，这既能强化担当的行为，又能给其他担当以示范。

评价通常要注意三点：及时评价；点名评价，说出细节；侧重激励性强化。

下面是激发学生主动、创造性做事的典型案例：

在刚开学的一个星期里，我先后讲述了习惯决定命运的经典正例，让学生意识到小小的习惯和命运其实是偶然与必然辩证联系的最好诠释。我及时地对学生有意识的行为和无意识的行为给予评价，又讲述了核心习惯经典引领故事，强调主动、创造性地做事是关乎一个人成功的

最核心习惯。

看到学生听完故事后跃跃欲试的样子，我告诉他们："从现在开始我等待着惊喜。"

两天后，第一个惊喜产生：那天下午放学时，我在办公室备课，课代表王丹和几个同学"诡异"地笑着来到我面前，我一看，问："怎么了？"

"孙老师，您今天忘了什么事儿啦？"

我努力想，没想出来。

"您今天上完课，忘布置作业了！"

"哦，对了，真忘了。"

"哈哈，我们已经布置了。"

"真的？"我着实感到惊喜，别小看这个行为，它可不简单，它代表着学生要有意识主动地做这件事，有能力确定布置什么内容，有胆量在全班布置。

谁知惊喜还不止这些，王丹和几个同学得意地说："我们已经收起来批改了。"

这是典型的主动地创造性地做事的例子，我可不能浪费，这可是可以燎原的星星之火！

第二天，我激动地把这事儿在班上"大肆宣扬"，称赞这是一个人在学习和工作中都必须具备的最重要能力，不要小看这件事儿，它可不简单：第一，得有意识替老师布置作业；第二，思考并决定布置什么内容；第三，有胆量去布置；第四，收起来批改，得知道答案，得花费时间。

你们看，这里边智慧和勇气的含金量不少啊！所以我说"主动、创造性地做事"是关乎一个人成功的最核心的习惯，我们为王丹和几位同学的创新加 7 分！

从此，"主动加 3 分，创新加 7 分"就成为班级管理响亮的口号。

这一次"重磅表扬"，无疑是吹响了主动、创造性地做事习惯引领的号角，惊喜就接连不断了。

好的故事可以有效激发学生主动、创造性地做事的兴趣(听故事受感染),当有学生主动做事或创造性地做事后,班主任特意在修身班会课上对这些同学大加肯定和赞赏(及时评价、激励性强化),并详细分析其行为细节,便于班级其他学生效仿。

教、看、评是一个循环反复的过程,班主任在教、看的过程中,评价越及时,作用越明显。

我们在实践中发现评价次数4~7次能达到强化的第一个高峰,强化的第一个周期为三星期;三星期之后的三个月内,切记不要放松,仍然通过故事(案例)的运用和观察、评价等方式对学生进行强化。三月之后学生基本能形成稳定的心理及行为方式,这种强化效果非常明显,所以对于新接手的班级,前三星期和前三个月是非常宝贵的担当履职和习惯培养的时机。

二、用智囊团代替班长

(一)班长管什么

我们再来思考分析下面一组问答:

问:在班级管理中,班长管什么?

答:管全班呀。

问:管全班的什么呢?

答:管全班的全部事务。

问:管了吗?管得了吗?

答:管了,好像具体又没管什么,只是做了通知、传达之类的事务。

和前文分析学习委员类似,班长这一班级管理里的最高职务并没有具体管理什么事务,只是班主任领导下的领头人,其对班级管理的主动权、决策权被弱化,仍然属于被管理者。针对此,我们创建了智囊团这一班级自主管理的特殊"担当",来实现班级"准自治"。

(二)用智囊团实现班级"准自治"

自治指自行管理或处理。陶行知先生在《学生自治问题之研究》中提出:"学生自治是学生结起团体来,大家学习自己管理自己的方法。这个定义蕴含了三层意思：第一，学生指全校的学生，有团体的意思；第二，自治指自己管理自己，有自己执法、立法、司法的意思；第三，学生自治与别的自治稍有不同，因为学生还在求学时代，就有一种练习自治的意思。"①学生自治是在班主任引领和指导下的自治，我们称为"准自治"。

1. 智囊团是班级"准自治"管理的"推进器"

智囊团管理实现了班级自主治理，与"班长—班委—小组长"管理机制相比，本质的不同在于：主动发现问题，主动想办法解决问题，具有高度的主动参与性，具有一定的决策权。比如，发现某天学科作业偏多，智囊团会及时主动向学科教师反馈并协调；当班级某位同学学习成绩下滑严重时，他们会主动组织帮扶小组对该同学进行帮助；当某位"担当"未能认真履责时，他们会积极地督促和指导；在班级同学参加学校大型活动时，他们会为班主任出谋划策，并承担活动的组织工作。

智囊团强化了学生在管理中的自主地位和职责意识，克服了传统"班长—班委—小组长"管理机制中的学生干部地位和职务意识导向问题，促进了班级自主管理水平的提升。在这种管理机制下，学生真正成为班级管理的参与者、评价者和决策者；班主任不再是事无巨细的管理者，而是班级管理的指导者和引领者。

在这样的班级管理组织架构下，班级学生自治的雏形初具。学生在这种蕴含自治的管理机制中，主动、创造性做事的自主意识得到增强，自理、自律的行为习惯逐渐养成。当然，学生的自主管理不同于成人的自治，需要班主任长期引领、指导和培育，因此是"准自治"。

2. 班主任与智囊团的关系

班主任与智囊团的关系是班主任引领与学生主体"自动"的有机结合。正如陶行知先生所言，学生自治在本质上不是自由行动，乃是共同治理；不是打消规则，乃是大家立法守法；不是放任，不是和学校宣布独立，乃是练习自治的道理。

智囊团的履职是在班主任的激发、引领和指导之下的主动作为。班主任

---

① 陶行知：《陶行知全集》第 1 卷，29 页，成都，四川教育出版社，1991。

激发，是晓之以理，调动积极性；班主任引领，是确保学生自治的方向和目的；班主任指导，是示范引路，提供方式方法。班主任应坚持"较少指令、较多指导、更多自治"的原则，遵循学生的心理发展特点，增强学生的主体意识，强化学生的主体地位，培养学生的自律意识、创新精神和实践能力。

3. 智囊团的职能范围

"全员担当"中，特殊的担当机构——智囊团——是由班级里 3～5 位能力较强的"担当"组成的议事管理组织，以分工合作的形式，承担班级学生自主管理的督查、议事和决策，以及教师不在现场的情况下行使对班级的管理权，是班级学生最高自主管理机构。

智囊团的职能范围有：协助班主任制定班规班约；智囊团成员各有分工，观察、督促、评价班级同学日常的课堂学习、课间活动、运动锻炼、外出集队以及临时活动等；收集同学意见并及时向班主任反馈；为班级工作出谋划策，协助班主任开展班级管理工作；班主任不在的情况下及时处理偶发事件，行使对班级的管理职能。

4. 智囊团的特殊作用

(1) 渗透性自治

班级智囊团是重要的学生自主治理组织，是班级管理改革中最重要的创新点。其创新之处在于班级事务的管理者直接来源于学生群体内部，换句话说，来源于矛盾内部，班级智囊团成员非常了解班级事务的要点。比如，作业拖拉情况集中发生在哪几个同学身上，他们作业拖拉的原因是上课听讲不认真，还是课后主要精力放在打游戏上。并且，班级智囊团成员更加容易理解同学在完成作业和打游戏两者之间的纠结心理，因此更能对症下药，说服"问题同学"，解决班级矛盾。所以，可以说班级智囊团在班级管理中发挥的是一种渗透性的作用。这种渗透作用体现在两个方面：一是学习方面。对学生而言，学习是他们学校生活的主体内容，班级智囊团在班级管理中面对的主要问题也源于此。对于班级的听课纪律、各科作业上交情况、教学活动的组织实施等，智囊团渗透性地发挥引导和制约作用，整体上影响班级的学纪学风。二是生活方面。所谓生活方面并不是学生离校之后的家庭生活，而是指学生在学习之余的休息安排和同伴相处情况，甚至完成一定层次的家校沟通工作。举例来说，在一所寄宿制学校，曾经有个外地的学生家长来找班主任和各学科教师交流孩子在校表现，但大家碰巧前去开会，不在办公室，班级智囊团便主动承担起与家长沟通交流的工作，完成度很高。

（2）科学性解放

班级智囊团在一定程度上解放了班主任，班主任不必因事必躬亲而陷入琐碎繁杂的管理事务中。尤其因事不在班级现场时，班主任不用担心纪律涣散或班中的突发事件无人处理。这种"解放"不是完全放任不管，而是最大限度地给予学生管理的空间，创造学生自主自治的机会。朱小蔓教授指出，德育的过程是制造一个合理的场所，创造一定的道德交往关系，推动人去反复训练某些社会性行为，行为本身既是观察学习的过程，又是亲身享受行为过程及其结果中的甘苦喜乐体验的过程。

（3）领导力的培养平台

学生领导力是一种基于个人品德与能力的服务型领导力，是引领自我生涯发展的愿景型领导力，是善于运用团队力量完成学习与工作任务的合作型领导力。领导学研究表明，领导力在青少年早期开始培养更有效。学生领导力表现为善于沟通、敢于担当、果断决策、主动创新、在同辈群体中威信较高等特征。

相比于其他学生"担当"，智囊团成员拥有更多的机会发展自身的综合素养、提升领导力。比如，在教师不在场情况下，他们要及时处理偶发事件，行使对班级的管理权；在参加学校大型活动时，他们会为班主任出谋划策，承担活动的组织工作；等等。在不断的实践中，智囊团成员的领导力得到锻炼和提升。用金国柯同学的话来说：

> 班上的智囊团是最厉害的，每届由5人组成，各有分工，在班主任不在的时候，行使班级"议会"的职能，及时发现问题，及时解决问题，可以"先斩后奏"。哪几位同学最近上课"讨论过密"，影响到正常学习，智囊团经过商议，可以调动某些同学的位置；哪位同学最近有消极情绪，"智囊团"会跟他（她）谈心；哪门学科课堂最近"有点过度活跃"，智囊团会给全班同学提醒；哪门学科作业偏多，智囊团会跟任课教师协调；等等。

(三)智囊团的组建与运作

初中是小学到高中的过渡，是认知水平较低、依赖性较强的小学生向逻辑思维水平较高、自主性较强的高中生发展的过渡。如果说小学学段（尤其是低段）的班级智囊团组建后其主导权仍倾向班主任，那么高中阶段的智囊团不仅可以完成常规的班级管理事务，而且可以充分延伸，在班主任没有要求的情况下自发组织班级活动，如元旦晚会、读书报告会等。初中学段的班级智囊团组建则介于两者之间，具有典型性。探讨班级智囊团分段治理问题，有必要从初中学段班级智囊团组建入手。

1. 选拔机制——"马群中的骆驼"

在大多数学生处于叛逆期的班级中组建智囊团不是一件易事。青春期的学生个性较强，自我意识突出，不太容易接纳来自同辈的管理，同伴之间还容易组成小团体，小团体则更难服从同辈的指令。为了保证班级管理工作安稳有序地推进，班主任在选拔智囊团成员时，不仅要考虑成员的学业与品行，而且要发挥"马群中的骆驼"的作用，选择最踏实沉稳的学生。因为，面对可能发生的学生内部矛盾，只有最踏实沉稳的学生才能克服困难，坚持不懈，用心完成班级管理工作。此外，骆驼可以紧跟引导者的步伐，更可以自主寻找水源，躲避风暴，所以，"骆驼"般的学生可以在一定范围内实现学生自治。

2. 管理机制——"平等中的首席"

所谓"平等"，是指每位同学，包括智囊团成员，都是班级的"担当"，只不过职责不同而已。而"首席"是指智囊团对班级管理具有一定的决策权，这是准自治的核心。比如遇到突发情况，几个成员迅速碰头，商量、判断并决策，可以先实施后汇报，即"先斩后奏"。这样，既能保证处理班级应急事件的效率，又能保证在班主任不在现场的情况下能真正实现自主管理。

"平等中的首席"给予了智囊团相应的职权与威信，便于自主管理的实施。但值得注意的是，班主任要及时观察、指导智囊团的工作，避免智慧团做出偏激行为或不当处理。

3. 运作机制

完成智囊团成员选拔之后，班主任应该抽出一节班会课的时间举行正式的聘任仪式，明确其权利和义务。除此之外，班级智囊团的运行还应注重以下两项机制。

第一，每周定期交流指导。

虽然智囊团是班级"准自治"的"推进器"，但这只从其发挥现实意义的角度而言。无论怎样，学生毕竟是未成年人，是受教育者，需要班主任适时地、科学地给予指导和引领。因此智囊团的运行过程也是班主任陪伴左右的学生成长的过程。班主任与智囊团要定期交流（通常一周一次），及时给予管理方法的引导与培训，让"准自治"管理不偏离、不变味，不断趋向科学有效。

班主任定期交流指导时要听取智囊团同学近期的工作报告，报告可采用这样的方式：每位同学说两点，一是做得好的，二是急需处理的。班主任肯定、激励做得好的表现，对存在的棘手问题组织讨论并给予指导。

第二，成员分工合作。

分工。智囊团的每个成员都有自己的职责，而且都是"要害岗位"，比如"自习课担当""外出担当""突发事件召集人"等。每个智囊团成员职责明确，避免像班长那样似乎管理全面又什么都没具体管理。

合作。智囊团负责的自治"含金量"较高的事务，如及时收集同学反馈并与教师沟通交流、对班级工作出谋划策、教师不在的情况下及时处理偶发事件等，都需要合作，甚至需要比较复杂的合作。比如，当智囊团成员发现某天某学科作业偏多时，他们就会和学科担当一起征询大家的意见，商讨出合适的作业量，经由智囊团审议后，再和学科担当一起反馈至学科教师处，与学科教师协调作业量。又如，新学期开学，智囊团为了主动领发新书，首先要与图书室协调领出新书，然后组织部分同学搬书，到教室后组织另一部分同学（尽可能机会均布）发放，最后组织第三部分同学分别去做退还多余书、补领少缺书、清理卫生等事情。再如，如果遇到因调课失误，某堂课正式铃声响起后教师还未到教室的偶发情况，智囊团就会迅速碰头，快速处理：一人去办公室找学科教师，一人去找班主任，其他人在教室组织同学先上自习（其中一人布置自习任务，一人在讲台维护纪律，一人巡查是否人人都在听令而行……）这些合作行为，大多需要多方组织、多次组织、不断调整、随机应变，是高级的合作行为体系。

实践表明，学生认知发展呈阶段性，班级智囊团一般在小学中段开始培养较为适宜，小学高段基本能实施，而初中、高中可以直接实施。不同学段的智囊团构建必然存在差异性，我们应当正视这种差异，分学段实施。

(四)智囊团的培养

1. 特殊的动力激发

班主任可对智囊团进行特别的培训，这种"特殊待遇"能让智囊团成员不仅得到有关组织管理、临场应变等较为特殊的训练(如班主任不在现场、突发事件、大型活动的组织)，而且能树立起自信与威信，便于其敢管能管。

对智囊团的培训要求班主任前期充分掌握学生的能力特点。下面是我第一次培训智囊团时的培训内容。

师：首先恭喜你们！棠外修身班会发明了一种特殊的机构叫智囊团，这是一个自主管理组织。从开学到现在，我们一直在考察你们，通过反复地讨论，最终你们5位同学进入智囊团。一进入智囊团，你们就不一样了，因为你们是有智慧且有担当的一个团队。当老师不在的时候或者出现偶发事件的时候，你们就要去处理班级事务。在处理过程中，我们会教你们，就像学游泳一样，你们一定是在水里学会的，只是告诉你们第一步干什么，第二步干什么，你们永远也学不会，能力一定是在做事过程中形成的。未来的工作中，更重要的是你们的能力而非仅仅是学历。你们进入智囊团既是为班级服务，也是对自己的特殊锻炼，要好好珍惜。

接下来我来看看对你们的考察是否成功，我问几个问题，请大家抢答。

师：晚自习后要排队归寝，请问有没有方法能够快速地组织同学排队？(生未答)

师：教你们一招——直接大声地说"请排队"，然后倒数十个数。(生笑)

师：自习课最关键的是前两分钟，你们有没有办法让同学快速安静?

生：可以提前两分钟让同学回到座位。

师追问：因为还没有打上课铃，同学不听怎么办？

生：一次提醒，两次扣分。

师：又教一招——第一步，站在讲台上组织："上课了（边说边鼓掌），请大家回到座位上自习。"假如有几个同学还在打闹，怎么办？点出其中说话最大声的同学的名字，其余同学同时也会被震慑住，大家自然就安静了。第二步，直接拿出作业在讲台旁做，这对于其余同学来说就是明示，表明自习课上要写作业，而不能到处看、到处走。第三步，只提示一次，如"某某提醒一次"，其余的在修身课总结，让你说的话掷地有声。

师：自习课怎么组织又快又有效？

生：不听指令的记名字、扣分。

师：不对。再教一招——正面点名、反面点数。正面点名指需要表扬的就点名字，比如"某某某做得很好，已经拿出作业在认真做题了"；也可以说"第二组很快，第三组也好了"；反面点数，如"靠窗边的这组还有两个同学没有坐下"，不点名。

师：这节是英语课，但是正式上课铃已经响了超过两分钟了，老师还没有到教室，怎么办？

生：组织同学看书，让智囊团去找老师。

师追问：若不知道英语老师的办公室在哪里呢？

生：可以去找班主任。

师继续追问：若班主任不在，怎么办？

生：全班上自习。

师小结正确做法：首先就近找位老师给班主任打电话，班主任联系任课老师，智囊团组织同学上自习。

师：同辈群体管同辈群体是很困难的，那么怎么较快地赢得同学对你的尊重和信任，不仅不会捣乱，而且还想努力表现得更好？（生不能答）

师：教大家绝招——在修身班会上表扬。扬善于公庭，规过于私室。比如，在总结自习课的情况时，我想重点表扬两个同学，某某某和某某某，我一定会点名并说出细节，"他们几乎在 30 秒内就安静下来了，并且整节自习课都非常高效，做完一学科的作业就马上完成另一学科的作业，头都没有抬一下，自习课一点没有被浪费，他们做得特别好，我申请给他们加两分"。人类本质中最殷切的期望是被肯定。尤其针对比较调皮的同学，我们更要鼓励，下次他们就想"我要表现好点，同学会给我加分"。

师：假如现在你们刚开完会回教室，结果教室纪律非常糟糕，你们有没有办法让全班 3 秒内安静下来？（生不能答）

师：遇到这种极端情况，你们一起迅速起立，同时说："安静！"这样极具震慑力，这就是团队，而且团队必须要有默契，不能相互推诿。

师：智囊团的同学，你们开展工作有几点忌讳：一是忌不公平，只要不公平，同学马上就会对你们有看法；二是忌自己做不到，自己违规违纪，就很难管理同学；三是忌提出泛化的要求，比如在管理中说"请大家安静，大家不要闹"，这种表达是无效的，正确的办法是正面点名、反面点数；四忌反复纠缠，遇到同学在自习课开小差，可以眼神提醒，或者说"某某某提醒一次"，不说多余的话。

师：好了，今天有什么感觉？有什么收获？

生：哇，学到好多绝招！

生：这种培训很特别，我们的能力会大大提高啊！

生：我们有许多其他同学没有的锻炼机会，我们要好好珍惜。

师：对，所以一开始就恭喜你们。接下来我们分工。

2."考验式"实操培训

"考验式"实操培训是通过"考验"智囊团成员完成某具体任务，教师根据其完成情况给予指导和培训的方式。比如，智囊团同学轮流管理自习课时，教师先不讲怎么管理，而是由成员各自想办法，然后开会；开会时，先由成员各自分析管理方式、效果和做出反思，再由教师逐一点评，最后给予方法上的指导。

案例：

英语教学实行走班制后，智囊团的周同学和廖同学分别管理 A、B 两班，各自想办法，看谁的效果好。碰头分享、分析后，他们发现两人的方法各有优劣，可以相互整合借鉴，具体的方法是：每天上英语课时，组织 A 班同学（B 班就在本班教室）提前在教室外排队，有序抵达上课教室，并在第一次上课前就安排好每个同学的位置，避免进入教室时混乱；和英语课代表一起制定关于走班的班级公约，规范课堂纪律和作业要求，然后在修身班会上进行总结……

"考验式"实操培训鼓励智囊团成员在实际履职中进行摸索和研讨，有体验有比拼有指导，不仅能激发智囊团成员的兴趣和潜能，还能较快地提升他们的自主管理能力。

3."情境模拟式"培养

"情境模拟式"培养是指对班级将要开展的活动或可能会发生的突发事件或学生未经历和处理过的事件，班主任通过事先情境模拟的形式对智囊团进行培养。"情境模拟"的有效性在于班主任的预判，它要求班主任要有敏锐性、预判力，能根据学生身心特点预估可能发生的事件，这既能对智囊团同学进行培养，又能避免安全事故或不良事件的发生，还能充分将活动或突发事件作为引导学生的教育资源开展生动的教育。下面是我通过情境模拟引导智囊团如何有效组织安排自习课的案例：

晚自习是学生完成当天作业、进行预习复习的重要时间，刚上初中的学生还没有学会恰当地安排时间，智囊团同学也没有组织管理的经验。我在第一次自习课预备铃响之后，首先让负责晚自习的智囊团成员站上讲台，然后带他们按安静、对齐、板书组织班级纪律。安静是让所有同学快速回到座位并安静地坐好，对齐是指对齐桌椅，板书是指板书本节课的作业任务，并询问同学是否清楚。照此模式，我再让智囊团成员在没有提醒的情况下独立模拟，反复训练。

4. 及时就事

及时就事是指班主任以智囊团自主管理中的某些典型事情为例，及时对智囊团成员进行评价、反馈、交流和指导的一种培养方式。由于事情典型，并且是当下发生的，智囊团成员可能处理得好，也可能处理得不好，班主任的及时评价与指导可以增强智囊团成员"做中学"的体验感，较快积累经验，提升能力。

案例：

初一开学不久，智囊团发现一个突出的问题：由于许多同学不适应初中住校生活，寝室的卫生问题比较突出。对此，智囊团召开了第一次内部会议，重点商量对策。之后，负责男生寝室的智囊团成员廖同学提出了好的做法：卫生一日打扫三次，早、中、晚打扫完后，必须经楼长检查，若检查不合格，则当天打扫卫生的同学第二天要重新打扫。我及时给予了高度的肯定——能主动、创造性想办法解决问题。

经过交流，负责女生寝室的智囊团成员受到了启发，很快制定了更加详细科学的寝室公约。

通过及时就事的培养，智囊团同学能够相互启发，相互借鉴，及时纠偏，形成经验。这也在较短时间内强化了他们主动、创造性做事的意识，较快地提高了能力。

(五)智囊团自主管理的几种重要情形

1. 班主任不在现场

在班级日常管理中，常遇到班主任有事离开，甚至无教师在现场的情形，这时班级就可能出现纪律松散的情形甚至易发生偶发事件，这也是班级较难管理的时段之一。这时智囊团的自主管理就可以充分发挥作用了，那么如何实现自主管理呢？有几点建议：第一，前期对智囊团进行专项培养，教他们在班主任(教师)不在的情况下如何组织、管理班级；第二，利用修身班会引导学生"无须监督，做最好的自己"，并将表现和操行分评价挂钩，当班主任不在时被表扬对应最高等级的加分；第三，智囊团在修身班会上专门总结该时段同学们的表现情况，班主任通过评价对其进行引导与引领。

案例：

一同学在回教室途中不小心摔倒受伤，智囊团同学听闻此事后立马采取措施：安排三位同学第一时间送他去医务室，安排一位同学马上回办公室告知班主任。由于当时班主任在外开会未归，而受伤学生需要马上去医院接受检查，智囊团毫不犹豫地通过电话联系班主任并告知其情况，班主任迅速和受伤同学家长取得联系。智囊团全程陪伴受伤同学等待着家长到来。

2. 集体活动

学校集体活动的组织开展较为复杂，班主任和智囊团一起策划实施，不仅更周密严谨，还可以锻炼他们的能力。以校运动会为例，参赛人员的确定、啦啦队的组织、赛程的通知、宣传的安排、比赛过程中的安全……智囊团成员每人统筹一两项，再牵头组织项目负责人，让全班同学都参与进来，这样不仅能够把烦琐的细节落到实处，做好周全的安排，而且更重要的是锻炼了大家的组织能力、协调能力和创新能力，一定程度上也减轻了班主任的负担。

案例："参观映秀"社会实践活动

前往映秀参与社会实践，是同学们升入初中后的第一次大型外出活动。在班主任的指导下，智囊团在出发前召开了几次筹备会，为活动的顺利开展做了充分的准备：按寝室分小组，安排路队，寝室长作为小组长，并以此安排车上座位；两位周同学专门负责组织路队，并随时清点人数，廖同学负责整个过程的拍照；讨论可能会出现的问题以及预案，如安排两名同学背包（放置班级备用物品），提醒同学们带好雨伞等。活动前一天，这些安排在修身班会课上得到了全面细致的部署。智囊团成员还和同学们约定了外出的纪律，提醒每位同学注意观察好人好事，回校后准备在修身班会上总结……果然，整个活动不仅井然有序，而且不少同学主动做事、创造性做事。智囊团在同学们中的威信也建立起来了。

3. 突发事件

班级突发事件一旦发生则不仅事态紧急、刻不容缓，而且震动性强、形式多样，让人防不胜防。班主任不仅要未雨绸缪、防患于未然，更要制定好应对班级突发事件的预案，将不良影响降到最低，这也是班级管理的另一个重难点。智囊团是快速处理班级突发事件的第一道保障线，因为他们通常在现场，人多又有分工，如果前期培训已经说明处理程序，则可以节约时间，尽快应对，避免误事。

案例：体育课同学间发生矛盾

体育课前的热身活动中，有位同学和体育课代表发生了冲突。智囊团同学是这样处理的：先把起冲突的双方拉开，然后成员 A 马上找老师，成员 B 组织同学们继续进行热身活动，成员 C、D 和冲突双方分别交流，稳定他们的情绪后，交由老师处理。

4. 主动介入

在班主任的引领和指导下，智囊团不仅有了主动发现问题、主动想办法解决问题的意识，而且能力也在实践中逐渐提高，有时不需要班主任提示就主动介入班级管理，这是"准自治"的最高境界。

2011 级初中(19)班的智囊团发现班上有四位同学虽已上初中，但拼音还未掌握好，就自发招募了同学为他们一一辅导，除了从声母、韵母补起，还定时检查听写，并根据听写情况给予奖惩，完全掌握后发放"毕业证书"。

2020 级初中(10)班有位智囊团成员李同学，主动提出要辅导三位英语基础较差的同学，她采用的办法更为多样：利用自习课和晚自习前的空隙帮同学梳理当天的重点并检查其听写；每周六晚在家利用微信给同学上网课，评讲周末作业；每周日专门让一位同学到她家里为其辅导。李同学家长通过微信给老师留言，自豪地感叹自己女儿真的像一个"老师"：

老师，您好！我是李某某的妈妈。我女儿在上学期的时候，感觉英语成绩有很大的提升。正因为这样，她想帮助同学。每个星期六放学回来，她都利用休息时间帮助自己小组的同学巩固所学的英语知识，还会在晚上用微信视频给小组同学上网课。我在旁边听着，感觉她就像是小老师一样，给组员们布置作业、批改卷子，要求组员的正确率在90%以上。她还在周末时，让自己的"徒弟"杨同学来家里，对其进行面对面辅导。孩子懂得帮助学习上有困难的同学，与同学一起进步，我感到很高兴，也谢谢老师对我们家孩子的帮助和培养！

被辅导的三位同学进步都非常大，其中一位同学的家长感叹，李同学的用心、耐心是有些成人也未必能做到的：

老师，您好！我是杨某某的妈妈。我女儿在小学阶段不爱与同学交流，缺乏自信。但她自从来到这个如家一般温暖的班，在您无微不至的教导和鼓励下，我明显感觉她成长了。每次回来，她都与我分享学校里发生的许多趣事，特别是她"师傅"李同学经常给她讲题，经常为她报听写，有不懂的地方也会很耐心地教她，还请我女儿到自己家中学习，用自己的休息时间为她辅导，这些事情是我们有些大人也做不到的。孩子说她从她"师傅"身上学到了很多，不仅学到了知识，而且学到了许多道理。女儿整个人开朗了很多，我想这应该与您在学校营造的教育氛围有关，我很感谢学校有您这样好的老师，还有这么好的学习环境，也非常感谢您与李同学及班上的其他同学！希望女儿可以更加努力，不放弃，刻苦学习，不辜负老师的教导和同学们的帮助。

班级成员或团队这样主动观察与发现问题、主动创造性解决问题的意识与能力正是我们要培养学生学会做事、学会共处、学会做人的具体体现。增强自主性、能动性和责任感，既是目标，也是路径。

智囊团一词原本与学生群体毫无关联，它原本只用来形容各学科内最具实力的专家学者，而班级智囊团本意不在于强调智囊团成员的卓越聪慧，而在于强调这一班级学生自治群体的内在力量和多元作用。从班级智囊团看班级学生自治新形式，实际上看到的是班级管理改革的学生主体意识和德育实践创新。班级智囊团作为班级管理改革的创新形式，不仅可以分段适应各个学段的班级治理要求，而且可以持续地在班级管理中发挥效应。

第二节　班会教育的改革

德育是学生健康成长的条件和保证。德育目标和内容要与学生契合，要结合学生的身心发展状况，充分考虑学生认可与接受的可能性；道德概念的语言表述、案例分析应符合学生的兴趣和年龄要求；德育过程应充分结合学生生活实际，引导学生对具体问题进行思考，形成自己的道德感悟；班会教育应有体系化的课程标准，有科学的教育模式和可操作性的教学策略。

就目前我国德育的实施情况来看，学校德育长期处于这样一种困境：高大全的德育目标增加了道德实践的难度且未能有效提升德育对象的道德水平；与实际生活脱轨的德育内容和以单向式空洞说教为主的德育方式脱离了学生生活，也脱节于学生成长规律；班会课（主要阵地）常被占用的现状更是让德育陷入尴尬境地。

针对此，我们在实施了"智囊团—全员担当"这一班级管理改革的基础上，进行了班级德育的第二大改革——班会教育的改革，内容包括：探索创建"担当总结—教师评价—故事讲述—教师引领"修身班会教育策略，提炼出"担当法＋故事法"修身班会教育模式。"担当法＋故事法"解决了如何让班级每一位学生都参与班级管理、如何实现德育的生活跟踪性与问题针对性、如何有效避免灌输和说教、如何关注到德育的班级个性等普遍而棘手的实践问题，并在成都棠湖外国语学校小学、初中、高中的 160 个班级以修身班会的方式全面实施八年以上，以及全国七个省份共 30 所实验学校的实践运用也取得了较为显著的成效。

一、修身班会与一般班会的差异

为了区别于传统的"班会"，我们将改革后的班会教育活动命名为"修身班会"。修身班会将传统班会课不系统、不规范、教师对班级单向管理等问题转变为以学生班级自治为基础，结合学生成长过程中共性与个性化需要，展开具有跟踪性、及时性、浸润性和系统性的班级教育课程。该课程纳入学校教学序列进行实施与管理，以保障有效性与持续性。

（一）修身班会课程的基本理念

1. 个性化的德育是学校德育工作发展的必然趋势

当下的德育基本采用的是共性教育。个性教育是教育发展的必然趋势，也是落实立德树人的重要路径之一，比如"青春期异性交往的引导"是初二年级的共性教育主题，但具体到每所学校、每个班级、每堂班会课，教育主题又是各不相同的。学校德育、班级德育只有以学生个性发展作为条件和基础，才能增强德育工作的科学性、系统性和实效性，否则就会流于形式，也势必偏离方向。

所以，在学校德育工作中，以班级中的个体的发展差异为条件和基础开展的修身班会，是对国家德育课程共性教育的补充，更是培养学生良好品德的必然趋势。

2. 真实生活中的德育才有现实的教育价值

德育是社会要求，也是学生自我发展、自我生存的要求。德育生活化是以学生的年龄特征为依据，以学生的生活经验为起点，关照学生的整体生活。它不是将德育消解在生活里，而是以生活为依据，以学生生活中遭遇的、体验的社会性、道德性问题为切入点，引领学生享受真善美的生活。

正如杜威所言："教育要通过生活才能发出力量成为真正的教育，品德教育同样也要而且必须通过生活发出力量才能成为真正的品德教育。"

3. 让学生成为班级管理的主角，成为德育的主体

教育不是简单的知识授受。教育需要学生在参与、体验和感悟中促进品德内化外生。在传统班级管理中，教师主导，几位班干部参与班级管理，大多数学生游离于班级管理之外，这使得大多数学生缺少生活管理的实践。在教师主导下的班级"总结"中，学生易处于被动状态，不仅缺乏自我评价与自我教育，而且难以发挥同辈群体在德育中的独特作用。

修身班会让每一位学生以担当的形式参与班级管理，每一位学生都是班级自主管理的参与者、评价者和被评价者，学生真正成为班级管理的主角。

4. 以道德情感的体验实现道德内在驱动机制的养成

学生不是盛东西的容器而是人。不是把"德"的标准和要求灌输给学生，学生就会拥有良好的道德表现。从道德发生的意义上看，只有当人从内心体验某种价值，产生认同、敬畏、信任的情感或产生拒绝、厌恶、羞愧的情感时，才谈得上道德学习和道德教育的实存性。体验可以开启我们的理解力，恢复一种具体化的认知感。

体验作为道德认知内化的催化剂、主体情感的生长剂和道德信念的稳定剂，有机地统一了道德过程中的知情意行各个环节，通过诱发和唤醒学生丰富的道德体验，加速学生从道德知识向道德行为转化，使学生道德行为由单一的意志行为变成意志行为和习惯行为的统一体。

因此，德育应该创设富有感染力的情境，引导学生通过亲身经历提升道德认知，磨炼道德意志，深化对道德的理解，进而转化为道德行动，真正实

现知情意行的整合，促进德育内化。

总之，德育的实质就是造就德育主体，造就具有自主道德意识、道德行为的社会成员。让学生自己掌握批判的武器，提高道德辨别力、判断力、选择力、创造力，让公德礼仪、道德规范成为学生自我生命成长的需要，才是真正有效的德育。

(二)修身班会课程的特征

修身班会是对国家德育课程的一种补充，是学校德育工作的重要阵地，它有以下几点特征。

1. 正确的价值取向

修身班会以社会主义核心价值观为导向，根据学生身心发展特点，按照不同学段的共性和不同班级的个性，进行既具系统性又具针对性的价值取向引领和行为习惯培养，为青少年健康成长奠定基础，为勇担民族复兴重任的建设者和接班人扣好人生第一颗扣子。

2. 突出的人文关怀

人本身的发展是德育的内在本体价值，只有实现了人的发展，社会的可持续发展才得以可能。修身班会的教育模式和教育策略能结合学生身心发展状况，充分考虑学生接受的可能性；能使用符合学生兴趣和年龄要求的有关道德概念的语言表述和案例分析；能充分结合学生生活实际，引导学生对具体问题思考，形成自己的道德感悟，因而具有突出的人文关怀性。

修身班会教育模式之一的故事法使学生面向的是道德的"具体之思"，是以人为本的德育观。故事就是人的价值的缩影。故事的核心是以知情意行的统一为基础的人性及价值。故事通过其中榜样人物的示范作用，以独特的感染力、吸引力为外在形式，把具有普遍意义的社会道德价值自然而然地转化为对象自身愿意接受的个体价值。故事法强调情感体验，用真实的感情和故事贴合受教育者真实的感受，使德育向生活和人的完整德性回归。

修身班会教育的另一种模式是担当法，它让每一个学生在具体活动中实践体验。体验可以开启理解力，恢复一种具体化的认知感，从而不断提高道德实践能力。

担当法与故事法的结合寻找到了德育与学生的契合点，即德育内容与学生的契合、教师与学生的相互认同，从而发挥人的主体性，实现道德认知的内化。

3. 重要的生活实践

担当法将道德教育扎根于学生生活，开展学生的自主管理与自我教育。它让学生在"担当管理"中产生社会责任感，在实践中提升能力，在体验自我生活和感悟他人故事中养成良好品质。

4. 强烈的情感体验

道德情感体验既是一种心理体验，也是一种实践体验，属于价值体验范畴。它是品德形成的中介环节，是促进主体道德内化的动力。只有经过了体验的道德情感，才能促使其道德认识转化为道德行为，提升德育的实效性。

朱小蔓教授指出，人的情感体验是个体在特定情境中的一种经历，如果没有这种由经历所构成的切身体验，个体就不可能对道德产生深刻的认同并进一步渗入人的内心。体验的目的是激发学生自我教育、自主管理。苏霍姆林斯基认为，只有能够激发学生去进行自我教育的教育，才是真正的教育，教育的真谛在于自我教育，自我教育的核心在于情感。

德育的目的就是通过道德教育，将个体的知识经验转化为外在的行为表现。修身班会让每位学生长期地真实地参与班级管理，体验自主管理和自我教育，与同辈群体相互提醒、相互表扬、相互影响，增强对道德行为的价值认同，强化道德行为。

5. 操作性强，实效性较为显著

修身班会课程体系是种实践创新。自 2012 年至 2017 年 4 月 30 日，除成都棠湖外国语学校，全国七个省份的 30 所中小学已经成为修身班会成果推广实验学校。经过多轮实证，不论是较为偏远落后地区的学校，还是较为发达地区的学校，修身班会都因操作性强而在培养学生良好行为习惯和引领价值取向方面取得显著成效。

(三)修身班会的改革路径

1. 用担当法和故事法，改变规训式德育和说教式德育

修身班会通过担当法中学生自主总结环节实现同辈群体间的相互提醒、相互认同、相互辩诘、相互理解和相互影响，而教师的适度介入与评价进一

步矫正了学生的不良行为，强化了良好行为；通过故事法中情理交融的无痕教育，实现教师由管束式、规训式教育向师生共情、润物细无声的教育转变。

2. 用班会课的系统化、规范化，改变班会课的随意、应景和无序状态

班会虽然是中小学规定的教育课程，但长期以来都不被重视，疏于管理，缺少系统性和规范性，随意性大。现实中的班会课，要么是班主任的"训导"课，要么是根据形势需要的应景式"主题班会课"，要么是被学科课挤占变为自习课。这些现状造成了班会课的随意、应景和无序，形成了班会像"课"不是课的现实状态。修身班会从以下五个方面实现了班会课程的系统化、规范化：

(1)研制修身班会校本课程标准，规范班会教育行为

为了保证修身班会的实施规范，我们分别研制了小学和中学的《修身班会校本课程标准》。该课程标准对班会的课程性质、教育目标、教育内容、课程评价和实施建议进行了翔实的描述，为班会课程化实施提供了理论依据、实践指南和实施指导，保证了修身班会实施的规范性和可操作性。

(2)打造修身班会教育策略

以"生活教育、自我教育、情感教育"三大理论为依据，打造出操作性强、实效性强的修身班会教育策略，即担当总结—教师评价—故事讲述—教师引领。

(3)出版教师用书，创建课程资源

出版《修身班会课教师用书(中学)》和《修身班会课教师用书(小学)》[①]。《修身班会课教师用书(中学)》分设两部分。第一部分介绍课程概况与实施建议，第二部分呈现故事案例及引领。该书编入近三百个具有时代特色、贴近学生情感、寓意深刻和启发性强的故事案例，并为每个故事编撰了解析、拓展和启迪班主任进行教育的"引领点"。它既是促进教师修正自我价值取向和提高自我学习效率的研修读本，又为教师开展班会提供了可选择的教育资源。

---

① 注：均由北京师范大学出版社出版，其中《修身班会课教师用书(中学)》获 2017 年成都市第十三次社会科学优秀成果三等奖。

除出版图书，我们还创建了含班会理论文献、优秀视频和故事案例（文本、视频）等课程资源的棠外修身班会专题网和修身班会微信公众号"陪孩子走过一路青春"。

（4）建立修身班会管理机制，规范班会课课程管理

为了保证修身班会的实施，我们研制了中小学《修身班会管理办法》，强化了班会课实施的严谨性和有序性，真正将品格教育作为第一教育来对待。

（5）建立班主任教研机制，促进班会课的校本研修

通过设立小学、初中、高中修身班会研究室（相当于班主任的"教研组"）并明确研究室管理办法，如每年对起始年级班主任开展修身班会督导活动，促进修身班会教研活动的常态化和规范化。

（四）修身班会的特点

1. 落实"生活教育"的班级学生自治

陶行知认为生活即教育，只有在生活中获得的教育才是有用的、真的教育。过什么样的生活，便受什么教育，想要受什么教育，便需过什么生活。

"生活教育"理论如何在德育中实施？我们认为必须满足以下四个条件：一是必须搭建学生生活体验的活动平台，二是必须体现学生的主体地位，三是必须创设每一位学生都能参与体验的机制，四是教师必须由传统的"管""教"转变为"引""导"。只有将"生活教育"落实到具体的生活情境中或恰当的教化场景中，才能实现班级德育的生活化。为此我们将沿袭几十年的"班长—班委—小组长"班级管理模式改革为"智囊团—全员担当"的班级管理模式（见表 1-7）。

表 1-7　班级管理模式

	班长—班委—小组长	智囊团—全员担当
学生	干部地位 职务意识	自主者地位 职责意识
	被管理、被领导	参与者、决策者、评价者
班主任	事无巨细的管理者	班级管理的引领者和指导者

对比两种班级管理模式可以发现，"智囊团—全员担当"模式下的班级管理，班主任不再是疲于奔命的管束者与规训者，学生也不再是游离于亲

身体验之外的被动接受者。通过全员担当，每一位学生都承担了一项或多项班级具体事务，在各类担当体验中锻造品格、培养责任感；通过智囊团的集体议事和班务决策，学生们自主评价、自主处理、自主协调、自主决策的能力得到提升，同辈群体的影响力得以发挥，实现了班级学生自治。学生及家长对修身班会的评价可以折射出班级管理新模式在生活教育中所起的作用。

令我惊讶的是，您（指班主任）管理班集体的能力不是"以一对百"，而是更倾向于学生自主管理，主动、创新是让我最能明白修身班会内涵的两个词语。

修身班会，它并不是我们所说的班会课。它来源于生活，所以很真实。它能让班上每一个同学都清楚自己的担当，并在自我批评、自我表扬等自治活动中增强自我认同。

——陈同学（初 2011 级 12 班学生）

人生没有什么捷径，而我觉得修身班会可以让我们在人生路上少走弯路、歪路。修身班会会使我们的责任心变得更强，因为在班级中每个人都有自己的担当，"担当"负起责来就可以让班级的运转变得井井有条。

——兰同学（初 2014 级 12 班学生）

听了一节修身班会，看到孩子们在班会课上的表现，我们家长既感到惊讶又感到欣慰。对自我担当的总结，不仅锻炼了孩子们的表述能力，也培养了他们的洞察力和良好的行为习惯。班会课上，大家畅所欲言，共同讨论发生在自己身上的事情，也交流同学之间或班级里的事情，每个人都是主人翁，都有发言权。这增强了孩子们的自信心和集体凝聚力，每个人都正视自己的优点、缺点，实现共同进步。还有通过老师讲述故事，孩子们在潜移默化中就懂得了道理，比起一味讲道理，这种方式更容易被接受和吸收。孩子现在最大的进步是责任心和自控能力增强了，自己会安排时间完成自己的事情，我想这也是修身班会带给孩子的变化吧。

——张同学（初 2014 级 12 班学生）家长

2. 践行"自我教育"的担当法教育

苏霍姆林斯基多次阐述这一观点:"关心别人,这是自我教育的一种最好的方式。一个人希望在别人身上确立善的愿望越深切,他就能越多地看到、认识和感到自己身上的好与坏。""我深信,教育的艺术和技巧就在于使每一个少年把这种愿望当成自己的精神需要。只有当一个少年在别人身上看到了自己的精神美的一部分的时候,他才是真正地开始了自我教育。"我们在修身班会的教育模式中创设担当法,就是落实"自我教育"的具体体现。从学生对修身班会的评价中,我们可以看出修身班会在学生自我教育中的作用。

修身班会细致地总结了我们生活中的点点滴滴,体现了我们自主管理的能力。指出缺点,加以改正,提出表扬,继续发扬,这使我们犹如自然花木般散漫的天性得以修剪。

——刘同学(初 2008 级 19 班学生)

深刻全面的总结让人审视自己的不足和进步,感悟点滴生活的充实。我们在赞美声中传递着关怀,在批评声中共同成长。而老师的故事总如潺潺流水中的一叶扁舟,划过阻碍,直达我们心灵深处,让我们感受到荡漾着的暖意和奋进的激越。

——李同学(初 2008 级 19 班学生)

3. 贯彻"情感教育"的故事法德育

朱小蔓教授在《修身班会课教师用书(中学)》的序言中这样写道:"在棠外修身班会的'故事法'('德育叙事')中,教师通过学生的'担当总结',捕捉到学生道德成长的信息,从中凝练出主题,选择德育故事,带领学生进入故事情境的讲述。这一方式摈弃了教师的道德说教,克服了学生逆反的心理障碍。"以情入理、以事入心的讲述,让德育叙事走进学生的心灵,为学生所接受,使单向的德育转变为学生"见贤思齐"、对积极价值观认同的过程,转变为学生道德自我接纳、内心自我修复的过程。孩子们的精神世界在情境、事理、体验和感悟中得到洗礼和教化。

在修身班会上,大家不直接从你的某件事而对你进行批评或赞赏,而是从精神方面通过日常慢慢渗透到你的思想,让人毫不察觉,也就不会激起青少年的一丝叛逆。修身班会通过各式各样的故事引导你思考，帮助你树立正确的三观。

我很喜欢我们的修身班会，感谢它让我进步、成长。

——陈同学（初 2011 级 12 班学生）

时间过得很快，在孙晓晖老师说我们要为这三年进行总结的时候，我甚至还没有意识到我们再也不能上修身班会了。这三年以来，它对于我们来说，从一个新鲜的名词变成了我们身体里汩汩流动的"血液"，使我们的心智进行着新陈代谢。

她和她的故事，陪伴了我三年青春。

有别于时下被我们传阅得过多又造作的所谓"心灵鸡汤"，她的故事总是那么恰到好处，引起我们的共鸣，启迪我们的心灵。只有我知道，修身班会教会了我多少，给予了我多少。有一个关于"幸福存折"的故事给我留下特别深刻的印象。故事中说，那些我们曾经做过的美好的事情都会变成"幸福存折"上的一笔存款，即使在当时会有令人挫败的事情使你动摇，使你迷茫，在之后的时光，你才发现自己有多庆幸当初没有放弃。影响我的，又何止这一个故事？那三百多个 40 分钟，那些因受触动而生起的鸡皮疙瘩，那些流下的眼泪，它们都会在今后的日子里成为一种美好的回忆，滋养我成长，并将被传播到更远的地方。

——蔡同学（初 2014 级 12 班学生）

初中三年，我最喜欢的就是修身班会了，虽说初一、初二上过美术、音乐、微机等轻松而有趣的课程，但我对它们的喜爱是远远比不上对修身班会的。

最吸引人的是课上的故事。在每次总结之后，孙晓晖老师总会给我们讲一两个小故事或放一段视频。她真的很了不起，每次的故事总和我们总结的内容如此贴切，我自己都会怀疑，修身班会是不是早就排练过？当然，我们的修身班会从不排练。修身班会只是我们自我表扬、赞美他人、反省错误和汲取营养的"家庭会议"，而不是表演舞台。

同学们的自由发言总是很真诚，有的还很朴实甚至幼稚，但从每个人的表情和语言中都可以知道：大家是衷心地赞美他人，这和关系的好坏没关系。大家是真心向同学们提出建议，绝不是因为看谁不顺眼或者不喜欢谁。一想到这样的班会课不剩几堂，内心就涌出一种莫名的甚至让我不知所措的失落感。

把话题回到故事上，孙老师总能在合适的时机说出合适的故事，我想这一定是因为她做了很久的准备，一定是认真地听了我们有些幼稚的发言，观察到了我们学习生活中的点点滴滴。

每一个故事都像一扇神秘的青铜门，你在门外惊叹它花纹的美丽，等到你推开它的那一瞬间，你会觉得那些光鲜亮丽的装饰都不如门内那些朴实而又引人深思的人生哲理美好。

在笑过、深思过后，我们会得到巨大的成长，或许是顿悟了一个哲理，或许是从黑夜里的迷雾中找到了那束微光。

在修身班会上，我们一起笑过、哭过、沉思过，那将会是永远值得珍藏的回忆。

——张同学（初 2014 级 12 班学生）

二、修身班会的教育模式

教育的根本涉及两种人的行为——教师激发学生和学生的自我教育。苏霍姆林斯基认为，只有能够激发学生去进行自我教育的教育，才是真正的教育。实际工作中，忽视学生的自我教育是德育工作实效性差的一大原因。

修身班会是基于学生自主管理下开展的班会课程化教育，体现了学生的主体地位和教师的引领作用。它的教育模式是"担当法＋故事法"。担当法是撬动班级自主管理的杠杆，故事法是破解空洞说教、有效应对逆反和促使动心导行的妙策，而"＋"是两者之间的生成逻辑和因果逻辑。

(一)担当法：撬动班级自主管理的杠杆

担当法是指通过班级学生在体验"智囊团—全员担当"的管理生活后，在班会上安排一定时间，由学生主持，组织大家对近期班级情况展开相互提醒、相互认同、相互辩诘和相互理解的道德学习过程。

担当法包括担当总结和教师评价两个环节，其撬动起班级自主管理的"杠杆原理"是：

1. 为每一位学生提供长期的、常态的创造性劳动体验

苏霍姆林斯基认为，创造性劳动是自我教育的必由之路。在学校生活中，我们可能为学生提供了劳动的体验，却很少提供长期的、常态的需要学生自己承担责任的劳动体验，更缺乏创造性劳动（在学校生活中多指遇到困难、问题后需学生自己想办法解决）的机会。

担当法为学生提供了一个长期做一点事情的实践机会（一项或多项担当），每位"担当"在履职过程中，都会面临解决问题和困难的考验。比如，花卉担当需管护班级植物，那么平时如何管护好使之不被破坏，假期又应怎么办？眼保健操时间刚好停电，是不做操还是另有解决办法？晨检表担当如果自己因事要请假该如何处理？早读课时老师和课代表都未到，班级纪律如何维持？班级发生偶发事件，一时找不到班主任怎么办？"担当们"有了许多需要自己去想办法解决问题和困难的机会，也就有了"创造性劳动"的机会。

金同学这样描述"担当"主动地、创造性地履职的情形：

> 早自习孙老师到教室时，早有课代表组织大家朗读了；教室或走廊的地面脏了，没等孙老师开口，早有人跑去打扫了；有同学生病，还没等孙老师知道，就有三五个同学带着这位同学前往医务室了……

> 每当班上有活动要组织时，孙老师总是笑着在讲台上说："同学们，有谁愿意承担这个任务啊？"接着便看见一双双手齐刷刷地高高举起。我们班的每一个活动都是同学们自主设计、自主策划的，每一次募捐我们班总是年级最积极的……

2. 创造自我教育的情感环境

担当法把学习社会问题的课堂变成青少年进行精神斗争和自我肯定的舞台：面对同辈群体，"自尊心"这一自我教育的内部情感需要被激发，个体产生想做好事、想被肯定、想上进的原动力；"不安心灵"这一自我教育的内部情感动力也被激发，个体由道德判断引起对他人痛苦的同情，对丑恶现象的愤慨，对自己过错的内疚等情感体验。这样容易唤起学生内心的认同和共鸣，使教育活动转变为主体的自觉行动，为自主管理和自我教育提供真实的生活场景和丰富的教育契机。

没有在自主总结中相互肯定、相互提醒、相互影响的情感环境，学生是不会呈现出真实的、细腻的感想的，学校也就无法培养学生感知、体验各种情感色彩的敏感性，更无法帮助学生在同情共感的基础上养成肯定、提醒和帮助他人的善良品行。

3. 担当总结环节搭建了学生自主管理、自我教育的平台

中国学生发展核心素养以培养"全面发展的人"为核心，分为文化基础、自主发展、社会参与三个方面。其中自主性是人作为主体的根本属性，自主发展重在强调有效管理自己的学习和生活，认识和发现自我价值，发掘自身潜力。担当总结环节让每一个学生在每节修身课上都可能成为评价者或被评价者，并将获得良好评价的期望延伸至班会课外，成为引导行为的内动力，最大程度地发挥同辈群体的特殊影响。

(1)提供相互评价、相互提醒、相互辩诘的平台

从教室到宿舍，从举手发言到餐厅收拣餐盘，从关灯到课间文明休息……学生学习生活的方方面面都得以被观察并评价，每个人都是评价者和被评价者。担当总结为学生提供相互评价、相互提醒、相互辩诘的平台。

> 男生外出，今天要特别表扬我们组的兰同学、徐同学和任同学，因为昨天的体育课训练强度大，大家的腿都很酸，但他们仍坚持下来了。这里还是要批评两位同学，老师在前面讲，他们在后面说。我后来和他们沟通了，他们非常认真地反思了自己的错误，并向我保证以后不会有类似的情况发生。我们一起期待他们的改变，所以还是把鼓励的掌声送给他们。
>
> ——郭同学("男生外出担当")

> 修身班会上有真诚的友谊。我们真诚地表扬他人，指出缺点；我们友善地提醒他人，注意言行；我们无私地帮助他人，乐此不疲。至今还记得我们班一位同学为手受伤的同学端洗脚水的事迹，这让我在这个冬天回忆起来倍感温暖。修身班会上不是一片赞歌，有深沉的反思，有我们大胆地提出的问题，但48个"臭皮匠"和1位"诸葛亮"总是一同想出解决方案并逐步落实，这就是我们喜爱的修身班会。
>
> ——文同学

朱小蔓教授对担当法这样评价："这是一个以学生自我教育为主，针对日常琐碎生活细节而展开相互提醒、相互认同、相互辩诘和相互理解的道德学习过程，孩子们在积极友善的同辈群体评价中增进着对道德行为的价值认同和强化。看到那些勃勃生机的场景，我想，这是多么温暖惬意的情感教育，是多么精彩的班级情感育人的形态。"①

（2）提供自我反观、自我肯定的平台

我是一个固执、倔强的人，别人的话很难打动我。但在修身班会上，总有一种积极温暖的氛围使我打开心扉。我有时觉得修身班会像天平，用是非好坏掂量行为的对与错，做好了可以得到表扬，犯了错误则会受到严厉的批评，良心的煎熬促使我们改正错误。这三年来，我也时不时感到心虚和愧疚，但就是这样的自我反思让我不断地进步。这是不是也算从他律逐渐发展为自律的一种方式呢？

——刘同学（初 2014 级 12 班学生）

我想表扬一下我自己。今天中午，我发现食堂里很多餐凳没有抬起来，于是我就边走边抬。抬餐凳只是举手之劳而已，不用给我加分，但我希望以后校园里有更多像我这样的身影……（热烈掌声）

——蒋同学（"食堂担当"）（初 2014 级 12 班学生）

担当总结让学生感知到自己被看见、被重视，这会在他们心底掀起不小的波澜，从而促使他们更深层次地审视自己。这样的同辈评价很快就能营建一种向上、向善的班风，学生因同伴的表扬感到喜悦，因同伴的提醒感到温暖，甚至面对真诚客观的批评也能接受并加以改进。

（3）能更自觉地评价自己的个性品质，促进自我意识的发展

担当总结环节让学生不仅和周围的人建立了更为复杂的关系，而且日益学会用自觉的态度来对待同伴的关系，特别是自觉地对待同伴和自己的个性品质，并且力图做出正确的评价。认识和评价自己品质的能力，是从评价别人开始的，是从评价别人过渡到评价自己的。许多研究表明，青少年评价别人比评价自己具有更大的独立性，内容也更丰富、具体。青少年是在评价别

---

① 孙晓晖：《修身班会课教师用书》，3 页，北京，北京师范大学出版社，2012。

人的过程中,逐步学会以别人为"镜子"来评价自己的,学会用自己的眼光来看待自己的。因此,青少年学会认识和评价别人,并且把别人和自己比较,是认识和评价自己的源泉和依据。在青少年学会认识和评价自己的品质的过程中,别人对青少年所做的评价起着重要的作用。随着青少年的生活经验和智力水平的发展,他们对自己品质的评价越来越客观、正确,越来越符合教师、父母和同学对他所做的评价。这样,少年的自我意识的发展就达到了一个新的水平。这是担当总结的另一重大意义。

4. 教师介入和评价充分发挥了重要他人的作用

从社会学视角看,教师是学生生活中具有核心影响力的重要他人。教师自身的行为与品格是教育的宝贵资源,是学生进行自我教育的第一推动力。在担当总结中的"教师适当介入"和"教师评价"环节,教师会以学生的"重要他人"角色对"担当"发言情况给予评价和建议。

对学生个体而言,他们的体验需要被理解,需要被别人(尤其是重要他人)看到,需要被肯定。美国心理学家斯金纳用"强化"一词取代"效果律",指出个体若是在表现某种行为后得到适度的鼓励,那么他在日后就会更愿意在类似的情景中表现相同的行为。教师的态度和评价会产生诊断、强化、调整学生行为等作用。

此外,教师的理解改变了当下班会课中教师常用的说教、训斥、控制和惩罚等方式,能直接影响学生在班会课上对人对事的情绪和情感体验,有利于构建和谐的师生关系、营建良好的班风,也有助于提升学生解决问题的能力。

5. 同辈群体和重要他人同时在场促进学生自我教育与教育的统一

担当法包括担当总结与"教师评价"两个环节,是同辈群体和重要他人同时在场的特殊教育场景,有力地促进了教育与自我教育的统一。

初 2014 级 12 班侯同学的描述有力地说明了这一点:

> 你知道第一次受表扬时,全班同学真心为你热烈地鼓掌时是怎样一种体验?而当第一次受批评,老师那安慰而期待的目光望向你时,又是怎样一种体验?我在修身班会上找到了答案。担当总结时,大家对我的真诚肯定让我有了责任感和动力,大家给我的改进建议让我有了努力的方向。

教育的真谛在于自我教育，自我教育的核心在于情感。担当法让受教育者既受主体认识的影响，又受情感参与的影响；既有主体实践的体验，又有评价反思的认知，从而使得自我教育得以实现。

(二)故事法：突破空洞说教，有效应对逆反，促使动心导行

在道德教育的研究与实践中，叙事一直都非常重要。早在柏拉图《理想国》的教育构想中，关于道德教育中的故事使用问题就已经被提出。20世纪80年代以来，叙事概念和叙事作为研究方法在社会科学中变得颇为瞩目，并被广泛引入教育学。以叙事素材为媒介展开道德(或价值)教学成为学校德育的一种基本方式，叙事素材成为重要的德育课程资源。

对学校德育而言，创新德育方式是增强德育实效、破解德育难题的当务之急。德育叙事，即我们所说的故事法，因符合品德形成规律，形式生动活泼又受学生欢迎而在德育中有独特的作用。

1. 突破空洞说教

让学生探求故事中的哲理来强调德育中人的内省，是实在而又有实效的。心理生活中，个别性、具体性、形象性、情境性以及直接体验永远先于并优于间接性、抽象性和一般性。所以我们德育工作者要善于从教育中、生活中选取并加工出鲜活的、针对性强的故事，用富含哲理的情境叙事，动其心，移其情，美其德。

德育故事如果具备哲理性、鲜活性和针对性三个条件，那么对学生是极具吸引力的。德育故事只有富含哲理性，才能变空洞的说教为生动的叙事，化知识的传授为震撼心灵的情感体验，也就是"动心"。鲜活的故事能吸引受教育者主动调动自己的形象思维和道德认知，领悟故事的精髓，积累正义感和良知，发挥道德教化的作用。有针对性的故事总是承载着丰富的信息，这些信息充满趣味性和感染性，有效解决了空洞说教的弊端。

2. 有效应对逆反

空洞的说教和僵硬的教育方法，是导致孩子产生逆反心理的客观因素之一。而故事法可以有效地避免因空洞说教和简单告诫造成的低效问题。蔡元培在《中学修身教科书》中对故事法有精彩的阐述："教授修身之法，不可徒令生徒依书诵习，亦不可但由教员依书讲解，应就实际上之种种方面，以阐发其旨趣：或采历史故实，或就近来时事，旁征曲引，以启发学生之心意。"[1]

学生赵佩璐总结了自己三年来在修身班会上听故事的感受，这亦可从一个侧面说明故事法在德育中的作用。

> 在我的认知里，班会课便是大家说说琐碎的事，但是修身班会彻彻底底地改变了我的看法。
>
> 从小到大，从来没有人能坚持给我讲故事，这三年的路却是由无数的故事铺成的。它们让我的每个脚印都变得更加坚定，也让我的每份信念都变得更加笃定。一个故事教会我要善于说"不"；一个故事让我明白人生中的拥有都是有配额的；一个故事点亮人生信仰，让我明白做人要厚道；一个故事让我找到人生的追求，要想后面"过瘾"，前面就要学会牺牲。这些故事，足以让我铭记一生。

3. 促使动心导行

李季教授是叙事德育（故事法）的倡导者，他认为叙事德育过程中的心理建构，即学生"感触—感动—感悟"的心路历程与学生品德形成过程中的"感知—体验—明理"的内化规律完全吻合。而且，由于有情感体验和情感认同作动力，学生品德内化过程强烈而深刻，品德生成要素同步而协调，在品德形成过程中形成了一种自主、自觉、自动、自悟、自省的自我建构机制，进而达到"自律"的境界，因而成为走进学生心灵的一种有效德育形式。[2]

但是要注意，故事法不仅仅是讲故事，更重要的是"析理"。叙事与析理相结合把空洞的说教变成了有趣的故事，把枯燥的讲理变成了鲜活的德育范例，把单调的强化变成了内心的领悟，这使价值取向引领最终沉淀为学生的自觉行动。

（三）"加法"：担当法与故事法中的内在联系

1. "加法"是担当法与故事法之间的生成逻辑

担当法是学生参与"智囊团—全员担当"班级管理后，在班会上由学生对近期表现展开相互提醒、相互认同、相互辩诘和相互理解的道德学习过程。

---

① 蔡元培：《中学修身教科书》，1页，北京，北京联合出版公司，2014。
② 李季、李楠：《小学德育问题与对策》，16页，北京，中国轻工业出版社，2012。

故事法则是教师通过对担当总结中呈现的现状进行分析，捕捉并生成教育主题，选择具有哲理性、鲜活性和针对性的德育故事案例进行故事讲述和引领点评，以达到润物无声、动心导行的教育效果。

从学生的担当总结中捕捉教育主题，突出了"班级个性"；根据捕捉到的教育主题遴选有针对性的故事开展讲述与引领，符合科学的生成逻辑。

2."加法"是针对性与有效性的因果逻辑

当下主题班会的主题选择一般是从品德教育或社会需求（行政指令）出发，易导致"学理化""碎片化"，也易忽视学生行为习惯养成和价值取向引领的阶段性，忽略班级教育的个体针对性、生活跟踪性和教育及时性。

修身班会的担当法与故事法之间是生成逻辑，是针对班级个性和近况捕捉教育主题，又根据教育主题选择有针对性的故事。因此，修身班会主题的确立不是随意的，故事的选取也不是随意的。学生沈奥对三年的修身班会这样总结：

> 三年的修身班会，每节课都有不同的主题，也带给了我不同的感悟和体验。我不说浮夸的话，我真的从这一个个故事中知道了做人的礼节。从日常的小贴士到人生大哲理，很偶然，几乎每一次都是我正好缺失的东西。比如有段时间，我陷入学习的低谷，数学课理解起来困难，英语课听不懂，暗自努力却又无能为力，心里的苦痛无法言说。正好，在一节修身班会上，孙晓晖老师讲了"用一个小球碰撞一个大球，最终把大球撞动"的故事。小力虽小，可累计起来，却依然震天撼地。这个故事给了我巨大的力量。而我在修身班会的故事中获得的力量又何止这一次？

沈奥觉得的"偶然"其实不是"偶然"，是教师根据班级近况选定教育主题后，再有针对性地选择故事案例。"几乎每一次都是我正好缺失的东西"恰恰反映了教育主题捕捉的成功，故事法实施的成功，也反映了故事法的适切性和有效性。

第三节　修身班会的四个基本流程

　　既有可操作性又具有实效性的班会教育策略应当是班会课程化的最后"一公里"，我们所创建的修身班会流程是班主任们最期待也最关注的"落地"之举。它既是在班级德育中落实立德树人根本任务的有效举措，也是对科学性与实效性的实证检验。

　　修身班会包含"担当总结—教师评价—故事讲述—教师引领"四个流程（图1-1）。其中担当总结和"教师评价"提炼为"担当法"，"故事讲述"和"教师引领"提炼为"故事法"。"担当法"和"故事法"两大平台的有机结合，即学生"人人有担当，处处有责任"的实践平台和学生自主管理与自我教育的体验平台，给教师提供了激发情感、培养习惯、引领价值取向的基础和契机（学生真实而切近的情绪、情感、行为发生），从而提高班级德育的实效性。

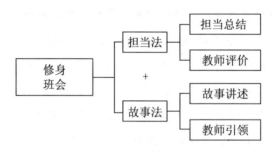

图1-1　修身班会的基本流程

一、担当总结

　　让每一位学生都参与班级管理的做法并不新鲜，班主任们只是在有效性和持续性上出现了不同层面的疑惑。我们设置的担当总结环节较好地解决了这个问题。

　　担当总结包括常规总结和自由发言两部分。主持人是班会课上学生自主总结的组织者，也是学生评价的调控者和协调者。主持人有组织、评价、调控、前期处理四大功能。主持人可以由学生竞聘和教师选用相结合，也可以由班中学生轮流担任。

担当总结环节中，班主任要让出讲台，但也要适当介入。在学生总结时，班主任是学生总结的聆听者和引导者，做到学生管理不代劳、学生总结认真听、该介入时才站出。

担当总结环节的详细内容参看本书第二章。

二、教师评价

教师评价是班主任对某节修身班会担当总结的小结性发言，要求教师及时归纳学生总结时暴露的主要问题和亟须强化的优点并进行点评提升，然后结合班级近期表现提炼出本次班会的教育主题。其主要策略有以下四点：

第一，对当堂的担当发言选择几个要点进行点评（不需要面面俱到），这是德育的重要环节，是培养道德习惯的有效手段。因为它既是了解学生的一种科学途径，也是教育学生及学生进行自我教育的一种方式。

第二，确立本堂修身班会的小主题。可以捕捉本堂担当总结的某一点而确立主题，也可以根据班级最近表现而预设主题。不论是哪种情形，主题都一定是针对本班级的最近表现的。

第三，自然过渡到"故事讲述"环节。

第四，担当总结和"教师评价"两个环节的时间大约占修身班会课时的1/2。

"教师评价"环节的详细内容参看本书第三章。

三、故事讲述

故事讲述能避免空洞说教，有效应对逆反，促使经验重构。长期实践表明，故事法是班会教育中最方便且最有效的方法之一，其主要策略有以下三点：

第一，选用的故事要有针对性、鲜活性和吸引力。

第二，故事讲述要吸引人、打动人。讲述故事不是"念故事""读故事"。虽然故事会天然地激发人的情感，但声情并茂的讲述才能带来感动和感悟。增强故事的感染性、叙述风格的感染力和叙述过程的移情性，是提高故事法效果的关键。

第三，故事不仅要吸引人，还要育人。教师在讲述故事的过程中要设置悬念，思考性地讲述故事才能引发注意、启发思考。

"故事讲述"环节的详细内容参看本书第四章。

四、教师引领

故事法不仅是讲故事，更重要的是叙事析理。教师引领要创设德育情境，激发学生的道德需要，丰富学生的情感体验，注重学生在德育中的主体性地位。教师引领可以把空洞的说教变成有趣的故事，把枯燥的讲理变成鲜活的德育范例，把单调的强化变成内心的领悟，从而实现动心导行。

教师引领的常用方法是"一讲二联三夸赞"。

"教师引领"环节的详细内容参看本书第五章。

修身班会"担当总结—教师评价—故事讲述—教师引领"四个流程的原理及作用如图 1-2 所示：

图 1-2　修身班会流程的原理及作用

第四节　修身班会的评价策略

一、制度永远比美德可靠

修身班会在推广应用的过程中，有不少教师反馈，担当法和故事法的确很科学，实效性也明显，但是实施一段时间后，感觉学生就有点"疲"了，总结也不得劲了，担当们的履职也不太到位了，这是为什么呢？

制度永远比美德可靠

七个人住在一起，每天分一大桶粥。要命的是，粥每天都是不够的。一开始，他们抓阄决定谁来分粥，后面依次轮流。于是乎，一周下来，他们中的每个人只有一天是吃饱的，就是自己分粥的那一天。后来他们推选出一个声称自己道德高尚的人分粥。这个人大权独揽，外部对其也没有制约。大家开始挖空心思讨好他，互相勾结，搞得整个小团体乌烟瘴气。后来，大家又组成三人的分粥委员会及四人的评选委员会，他们互相攻击，粥吃到嘴里全是凉的。最后，他们想出来一个方法：轮流分粥，但分粥的人要等其他人都挑完后拿最后一碗。为了不让自己吃到最少的，每人都尽量分得平均。大家快快乐乐，和和气气，日子越过越好。

同样是七个人，不同的分配制度就会有不同的风气。毫无疑问，制度永远都比美德可靠，尽管我们丝毫不想贬低美德的重要性。但必须看到，美德只能让有美德的人当好人，而好的制度则可以让所有人都当好人。当然，制度必须是科学的、刚性的、无条件的、不徇私情的，而不是只挂在嘴上或贴在墙上的。

美德只可以让有美德的人当好人，而好的制度则可以让所有的人都当好人。在制度与人性的对峙中，制度永远都比美德可靠。对于成人尚且如此，对于未成年的学生而言，这个意义尤其深刻。

对学校教育而言，评价机制就是一项重要的制度。如果没有评价制度的约束和奖励，只是引导和倡导，修身班会就很难实现到位、持续和创新。当然，这个评价机制必须是科学的，或者是在不断完善中趋向科学的。

每一堂修身班会都有担当总结，对做了好事的予以表扬，对可能的隐患或不足予以提醒，对错误进行批评；如果仅仅在口头上说一说，评一评，没有相应的奖惩，时间一长，就会出现做好事的积极性消减、把提醒当耳旁风、接受批评后没有改正等现象，这其实是破坏了管理的核心——公平。在对学生良好习惯的培养和价值取向的引领过程中，评价机制可以保障良好行为的不断强化和不良行为的反复矫正，在多次重复后达到行为自动化，最终实现个体习惯养成。

二、操行分制度的实施与持续运转

修身班会实行操行分制度，每个学生都有一本可以使用三年的《学生成长档案》。

(一)操行分制度的实施

1. 制定简单有效的班级奖惩制度

制度的科学性之一是简便有效。制度不能太复杂、太细碎，以免影响制度的执行。师生可以共同讨论制定出基本的奖惩条例，在担当总结时灵活处理。如：

常规加分：

· 换座位时帮忙抬桌椅，加1分；

· 主动整理公物，加1分；

· 主动帮助老师，加1分；

· 主动捡拾垃圾，加1分；

· 捐献植物，加1～10分；

· 主动帮助他人，加1～3分；

· 为班级加分，加1～10分；

· 获奖加分，加3～15分(班级奖项3分，年级奖项5分，校级奖项7分，市级奖项10分，省级奖项15分，外出学习时被老师表扬3分)。

常规扣分：

· 迟到一次，扣1分；

· 外出未推椅子，扣1分；

· 上课不遵守纪律被老师点名批评，扣1分；

· 座位下有垃圾，扣1分；

· 卫生没打扫干净，扣1分；

· 未打扫卫生，扣2分；

· 课间追逐打闹，扣1～2分；

· 破坏公物，扣1～5分；

· 自习课违反纪律，扣1～5分；

· 外出集会、活动和学习不遵守纪律，扣 3～10 分。

2. 奖惩制度实施前的激发与引领

这里介绍我自己的案例。我所带班级的班级制度比较简明，基本规定不超过十条，分为奖励和惩罚两大块，表现为：奖——加操行分，惩——扣操行分。

这似乎太简单平常了，不仅人人都会做，而且大部分班主任都在做。有一届初一新生到班时，我在班上一宣布班级制度，就有个男孩子哑然失笑："我小学时扣操行分扣成了负分，负两百多分哪！"

这里的核心就是"制度要有效"，有效才有生命力！

怎样才能让制度有效呢？得让制度约束的对象"在乎"，在乎这简单的操行分。因此教师得双管齐下。

①操行分的未来价值（引领）

每个学生的学籍档案材料是当时、当地、当事人留下的原始记录，是每个学生在学校学习、生活的重要写照和记录，具有不可置疑的凭证作用。档案中含的学生各个时期的学籍卡、成绩单，各方面的评语、获奖证明及其他材料，这些都是原始材料，是不可复制的。以后无论是毕业就业，还是继续深造考研、考公务员等，面对这些事关个人切身利益的问题时，都要用到档案。这是用人单位选拔人才的重要参考资料，是做好组织人事工作不可缺少的重要依据。

我开玩笑说："将来我们班里某个同学当了校长或县长或专家，他翻开《学生成长手册》一看，哇——读初中的时候不捡餐盘呀，一次也没有做过好事呀，在寝室就寝前不洗脚呀！"孩子们大笑！我也笑，然后郑重地说："可是，《学生成长手册》真的是你人生档案的一部分，会跟你一辈子哦！"

②操行分的短期作用（激发与约束）

· 奖：学期中的每个月总结一次，奖励前十五名（可以根据班级情况自定），分三个层次。前五名可以到老师家里包饺子吃，或者吃一顿她妈妈做的凉拌鸡，或者奖励一片从哈佛大学带回的枫叶……当然，创意无限。第六到第十五名分两个等级颁发奖品，并给家长发报喜卡。

· 惩：末五名将被点名提醒。连续三个月负分将与家长交流。

• 加分或扣分的表现将被详细地记录在《学生成长手册》，作为终身档案之一。

• 初三毕业如果得分等级为 C 等，本校高中将不予录取。

3. 操行分的记录与统计

操行分不需要班主任亲自记录，有多个操行分记录员"担当"(岗位)负责，一个操行分记录员负责 3~4 人(自己除外)，在担当总结的同时简要记录事件及加(或扣)分，月末统计；另设一位操行分总担当统计全班的操行分，并对每位操行分记录员的记录情况和态度作评价。如图 1-3 所示：

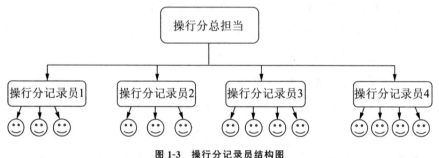

图 1-3　操行分记录员结构图

4. 实施操行分的加分或扣分

第一，常规行为评价按基本制度条例加分或扣分，1 分起算，可按行为的难度、强度、主动与否酌情增加，但不能随意加分或扣分。要让学生感觉每一分都有含金量，都是对自己言行的郑重评价。

"担当"分内之事原则上不加分。

第二，实行导向性加分制度。

• 主动做好事，加 3 分/次；

• 创造性做好事，加 7 分/次；

• 凡是班主任不在场，获得他人(老师、其他教职工、领导等)表扬且属实的，给予全班加分，7 分/次。

以上几项分值较大，是为了引导学生主动做事、创造性做事，引导学生在班主任不在场(无人监督)时也能表现出良好行为，久而久之形成自我教育与自主管理的意识及习惯。

第三，如果对加分或扣分有争议，主持人或班主任可以让全班同学比手势示意，取大多数意见当场确定。偶发事件或特殊事件也可以按此方法商定。

5. 操行分评价结果的使用

操行分的加、减、记录比较容易操作，但对操行分评价结果的使用是不少班主任的困惑点。班主任只有恰当、充分、科学地使用操行分评价结果，才能充分调动每一位"担当"的主动性与积极性，才能让担当法持续地发挥作用，不至于出现"刚开始新鲜，不久就疲软，最后不能运转"的情形。

如何恰当、充分、科学地使用操行分评价结果？首先，班主任要成为学生的重要他人。学生一旦敬服"重要他人"，那么班主任一句肯定的话、一次赞赏的点头或者一颗棒棒糖都是动力十足的奖励；反之，操行分被扣成负数也不起作用。其次，操行分评价以奖励为主，且覆盖面大。奖励可以分为一、二、三等奖，保证至少一半以上的学生都能获奖，以调动大多数学生的积极性。再次，频率恰当，一个月一次评价较为合理有效。最后，奖励方式多样，操行分换奖品、分层次发奖品、个性化愿望申请、与教师共同用餐、得到教师外出带回的特色纪念品等都可作为学生奖励。

6. 操行分评价的作用

对修身班会操行分评价结果的使用是否充分、科学，直接反映在学生的行为和班风营建上。其突出的作用有以下三个方面：

第一，强化。给予精神和物质的奖励是对良好行为郑重的肯定，有别于轻描淡写、没有仪式感的口头表扬。奖励一定要郑重，比如，在"修身树叶"上写颁奖词并将其贴在"修身树"上作为精神鼓励，或到班主任家里一同包顿饺子吃作为奖励。

奖励有利于营造认同的氛围。认同感与管理者对做好事的激励机制有关，据说孔子的学生从河里救起一个溺水的人，被救者为了表示感激，赠给救命人一头牛。救命人收下礼后遭到别人的指责，说救人者收了别人的礼就抵消了他的功绩。孔子告诉学生，收下礼就对了，收礼的人将给社会营造一个"做好事可以被认同"的氛围。没有这个氛围，做好事的人就会越来越少，良好的行为得不到足够的强化，习惯也就难以养成。

人有道德学习的潜能。外部对个体道德潜能及其运用持肯定、赞许和鼓励态度的情感氛围，以及由此而来的个体适应感和成功感，必然促成新的道德成长动机。[①]

第二，矫正。教育不能只靠赏识。对于学生的消极言行，教师应当给予有别于正向回应的否定、反对、批评、处罚等负向的回应。否定、反对、批评、处罚等负向回应是一种他律的教育手段，可以促使学生服从某种规训，矫正学生的不良行为。

教师对学生不良行为的回应可以约束学生行为，督促学生逐渐养成一种求善的习惯。而当学生有了一定的自律水平，他们便能以内省的方式检视和控制自己的言行，使其符合社会规范的要求。

在这过程中，教师必须注重学生道德情感的培养。有了道德情感的支持和配合，学生才能真正认可某种道德规范，才能拥有遵守道德规范的意愿。

第三，教化。班级是一个小型社会，教师对操行分评价结果的使用，缓慢而深沉地影响着学生的行为和品德，也影响着班级风气的形成。这种风气是一种气场，会产生强大的正能量，能够使学生改过迁善、见贤思齐，能够使学生在班集体的熏陶中重新感受到道德规范的威严性，自觉地约束自己的行为。

朱小蔓教授在《关注心灵成长的教育》中说："通过课程、环境、管理和服务为学生的道德探究提供奠基性素材和调整力量，持续地过滤社会价值信息、优化教育情境，将基于核心价值观的品格教育弥散于学生在校的一切时间之中。"[②]这就是可贵的"教化"作用。

(二)操行分制度的持续运转

即使是一个科学的评价制度，如果不定期维护，不与时俱进，也会"生锈"或"疲软"。为了操行分制度的持续运转，班主任可以从以下两个方面努力。

1. 深入浅出的目标分解

首先，我们需要对庞杂的品德教育、学校德育、班级德育作一个深入浅

---

① 朱小蔓：《关注心灵成长的教育》，22页，北京，北京师范大学出版社，2012。
② 朱小蔓：《关注心灵成长的教育》，24页，北京，北京师范大学出版社，2012。

出的目标分解，使家长、德育工作者和班主任都能明了既是方向又是抓手的中观目标，这样的目标既能"触天"又能"接地"。在所有理论中，我们发现较能为一线班主任理解接受的是金盛华教授关于道德品质的基本结构的研究，他认为从个人主观的立场看品德，实质的决定要素只有两个方面：一是决定行为一致性的内在驱动要素，即价值取向；二是保持外在一致行为事实的要素，即行为习惯。简单地说，价值取向与行为习惯从自觉和非自觉两个层面构成了道德品质的基本结构。[①]

我们如果能够认同道德教育的核心是道德价值取向的引领和道德行为习惯的培养，就有了两个道德教育目标和切入点。实践证明，从道德品质的基本结构出发，的确可以在纷繁复杂的德育体系中拨云见日。抓住品德的核心要素，就找到了撬动这个大球的支点。

不过对应小学、初中和高中学生的身心发展特点，各学段德育体系各有侧重。小学侧重培养良好的行为习惯，初中侧重培养良好习惯和引领价值取向并重，高中则侧重引领正确的价值取向。

有了这个德育分解目标，操行分制度就不是一时兴起的儿戏，而是从学生真实生活出发，走向良好习惯培养的过程评价和效度保障。

2. 几个特殊节点上的"担当评价"

一个行为需要持续强化，才能成为习惯。道德学习是在反复体认、感受和践行中展开的。

在习惯养成过程中，如何强化是重点和难点。担当法让学生进入行动情境，作为重要他人的教师与同辈群体有意识的评价提供了重要的推动力，不仅可以满足学生的认知需求和情感需要，而且可以促进学生积极地、主动地强化某种行为。

有意识的评价除了修身班会上的及时评价，还包括在重要时间节点上组织的大型"担当评价"，即每学期开学前、每学期半期左右、大型活动（如年级组织的诗歌朗诵、学校组织的体育运动会、研学旅行、外出参观

---

① 来源于裴娣娜教授主持的教育部攻关项目"我国学校教育创新研究"中的德育研究部分，该部分由金盛华教授负责。

等)后。

这几个特殊节点上的"担当评价"有这样几个特征：全员性，每个"担当"都要参与并接受评价；大致性，评价不需要精细，有大致意向结果即可；简便性，评价过程不能复杂，不能耗时太长(至多一节班会课)，须简便可行。具体操作分四步：

第一步，每位"担当"向全班同学说出自己的担当名称。第二步，全班同学根据其日常履职情况举手投票，现场统计票数。第三步，根据票数分为不合格(票数不过半)、合格(票数过半)、优秀(全票)。特殊"担当"(如男生室长、楼长，女生室长、楼长)在本职能范围内举手投票。第四步，对合格和优秀"担当"分层奖励。

特殊节点上的"担当评价"对"担当"履职有显著的提醒、促进和激励作用。

提醒是指当每位"担当"向全班同学说出自己的"担当"名称时，是在同辈群体和重要他人面前提醒自己。促进是指全班举手投票，票数高的人会得到同辈群体非一般意义上的肯定；票数不高的人则会反思，要想下一次得到肯定，就必须在平时积极主动地做好各项事务。激励是指当获得全票的人感知到别人重视自己并对自己感兴趣，就会更深层次地审视自己。

三、修身班会的管理机制

(一)将修身班会纳入学校教育管理体系

学校制定中小学《修身班会管理办法》，将课程纳入课表，由班主任任教。以成都棠湖外国语学校为例：学校属于寄宿制学校，学生在校时间较长，修身班会一般设置在下午、晚上或星期日归校时间段。小学、初一、初二每周3节修身班会，初三、高一、高二每周2节修身班会，高三每周1节修身班会课。

修身班会的课程管理由德育处负责，教研活动由研培处负责。

(二)设立修身班会研究室，制定管理办法

为了保证班会校本研修的切实开展，学校设立了不同学段的修身班会研究室(相当于班主任的教研组)，制定了修身班会研究室管理办法。

(三)编制修身班会评价量表(表1-8)

表1-8 修身班会评价量表

班级:	执教者:		上课时间	年 月 日	
内容	主要指标			评价	
				分值	得分
担当总结 (30分)	主持人能发挥组织、评价、处理、调控的作用			5分	
	担当总结真实,能覆盖班级生活各个方面			10分	
	学生自由发言真实,参与面较大,能反映自主管理和自我教育			10分	
	教师介入的时机、次数和内容恰当			5分	
教师评价 (20分)	教师能敏锐地捕捉担当总结中的教育点,及时有效地给与评价和引领			10分	
	教师能恰当、自然过渡到"故事讲述"环节			10分	
故事讲述 (25分)	选取的故事材料具有针对性(针对本堂修身课确立的教育小主题)、感染性			10分	
	教师讲述故事声情并茂,对学生有吸引力			15分	
教师引领 (25分)	教师能契合故事联系班级情况对学生进行有效引领			15分	
	学生能通过故事联系到自己实际情况有所触动			10分	
总得分					
综合评价					

第二章　担当总结的策略

　　担当总结是修身班会的第一个流程，是将班会课的话语权交予学生，以学生为主体实现自我管理与教育的重要流程。在十五到二十分钟的时间里，负责班级事务的各位"担当"在主持人的组织下有序发言，他们以自己的担当履职体验为基础，通过实践、观察和思考，围绕班级近期情况进行总结、反思和评价，充分发挥同辈群体的重要影响，创设自我教育的情感氛围，搭建相互评价、相互提醒、相互辩诘的平台，从而促进自我意识的觉醒和发展，培养自主管理、自我教育的能力。

第一节　担当总结的特征与教育意义

　　长期以来，班主任在中小学班级德育中都扮演着管理者的角色。加之陈旧的班级管理模式，传统的班级管理常常是在教师"权威"话语体系下，对学生的"管束""说教"或"训斥"。在这样缺少自主体验和情感互动的"强制给予式"德育下，学生表现出表面接受、内心抗拒的分离以及懂得道理、行为反叛的知行相悖。

　　修身班会以学生心理发展规律为基础，利用同辈群体力量，用担当总结搭建自主管理、自我教育的平台。在这一过程中，一方面，学生处于同辈群体中，更容易形成客观真实的自我评价，这为学生的自我反省、自我肯定奠定了基础；另一方面，班主任可以借此更加全面地了解学生真实的所思所想，把握班级动向。

一、担当总结的特征

担当总结让每一位学生都可能成为评价者或被评价者，最大程度地尊重集体生活中的每一个学生，以现实的人为基点，让德育真正实现以人为本。它保证了班主任对不同个体经验的及时有效的反馈，也保证了学生在同辈群体持续跟进的总结与评价中不断调整自我认知，形成客观真实的自我评价，同时优化自身实践，让抽象的、概念化的德育知识回归生活。

担当总结有以下三大特征。

(一)突出主体

担当总结的主体是学生。不同于长期以来的以班主任为核心的传统模式，学生以自身的担当实践为基础，形成以自主情感体验和同辈情感互动为核心的全新话语，取代了传统以教师权威建构的以管束、说教为常态的管理模式。由学生(主持人)组织，由学生(全员担当)发言，发言的内容全部来自于学生自身的实践和对彼此实践的观察和评价。教师在这一过程中只在必要情况下进行介入与引导。这一环节能够最大限度地尊重每一位学生的个性，真正凸显学生的主体地位。

(二)回归生活

对德育课程的思考不应该停留在"我应该讲授什么德育知识"的层面，而应当立足于生活实践，引导学生从"学习一种道德知识"转变为"学习过一种有道德的生活"，重新建构道德观念与生活实践的联系，将抽象的、概念化的道德学习重新放回具体的、大大小小的生活事件中，引导学生在现实生活中理解并做出合适的道德判断，这才是担当总结的初衷。正如鲁洁教授在《生活德育的理论与实践》中所讲："道德存在于生活，生活是道德存在的基本形态。……道德学习的过程就是在教育的引导下不断丰富、积累、扩大生活经验和反思经验的过程。"[①]

在担当总结中，"担当"既是在讲述自己对于身边同辈群体的观察并给出评价，同时也是借助这个过程将抽象的道德概念同具体的生活场景紧密结

---

① 鲁洁：《鲁洁德育论著精要》，165 页，福州，福建教育出版社，2016。

合。这不光充分肯定了学生个体在班级生活中大大小小的实践活动的意义和价值，更是在建构生活的意义和价值。德育应该以生活的经验为其内容和资源，当孩子因他人或集体的需要而行动时，他们不光在为他人或集体创造价值，也会因在这一过程中自己的价值得到体现而倍感自信。

(三)反馈及时且全面

每堂修身班会的担当总结，不仅可以保证绝大部分班级事务在"担当"发言中得到及时且全面的反馈，而且可以保证各"担当"的履职思考和实践也得到同辈群体的及时评价。优秀的表现得到正面强化并成为榜样，不足的表现也得以调整和优化，这是仅靠班主任个人所不能及的。

二、担当总结的教育意义

(一)促进学生自主管理

学生的责任意识不是班主任赋予的，而是在主动参与班级管理的活动中形成的。实践证明，在班级管理过程中学生参与得越多，他们的责任感就越强，自我管理能力就会提高得越快，班级面貌也会越好。

> 每次修身班会都会进行担当总结，我为12班开关了3年的"门窗电"，说心里话，是挺有成就感的。正是因为有这个大环境，班上很多同学都对自己的担当极为负责。修身班会也让我感受到12班是一个温暖的大家庭，每次到自由发言环节，总会听到许多互帮互助的故事，无论在什么环境中，我们的同学都会坚守善良之心，主动去帮助他人，修身班会对我们的思想真是有很大影响。初三毕业之后，我希望自己还能够坚守本心，并影响他人。

> ——彭同学(初 2014 级 12 班学生)

(二)促进自主管理与自我教育相结合

教育家陶行知说过："最好的教育是教学生自己做自己的先生。"在班级管理中，教师应该把说话的权利还给学生，换言之，就是将评价与决策的权利还给学生，让学生真正成为班级管理的主人而不是旁观者。担当总结让学生通过自我评价和他人评价，审视自己的言行是否正确恰当，增强自主管理与自我教育的意识，并提升相应的能力。

从觉得大家只是说些不值得提及的琐碎的事，到细细体会每件事背后的不简单；从在修身班会上从不发言，到学会发现别人的优点并衷心地赞赏，修身班会给了我太多。我曾经无数次地想象过，如果没有修身班会，我会是什么样的。我也许不会像现在这样主动，看到事情就去做；我也许不会像现在这样敏锐，能够及时发现问题并予以反馈；我也许不会像现在这样时刻为他人着想，做事情前先考虑别人的感受；我也许不会像现在这样拥有清晰的目标，朝着目标不停地奋斗。修身班会教会我的，远多于课本上所有的知识。

——熊同学（初 2014 级 12 班学生）

我曾经是一个很自我的冲动少年，从没有明确的班级责任感，在上课时都能和同学发生口角。但在一次修身班会上，同学表扬我作为"节能担当"很负责，从没有让班级因此扣分，刹那间，一股暖流涌入我的心中，原来我为班级负责，同学们都看在眼里。从那天起我又主动承担起了"劳动担当"，一坚持就是三年。这三年我逐渐成熟，做事情也越来越细致，对同学也充满了耐心，明白了责任的含义。

——吴同学（初 2015 级 7 班学生）

在担当总结中，真实、融洽的情感互动氛围，唤起学生内心的情感认同和共鸣，让学生愿意坦承自己的所思所想和所作所为。在同辈群体的相互影响下，学生学着以他人为"镜子"，来反观和评价自己；由用自己的眼光来看他人，到学着用他人的眼光看自己；最后学会用自己的眼光来看自己，逐步形成更加客观、公正的自我评价。

(三)同辈群体和重要他人同时在场，促进教育与自我教育的统一

担当总结让每一位学生都成为评价者或被评价者，能最大程度地发挥同辈群体的特殊影响作用。而教师通过对担当发言情况的倾听、评价、处理和建议，充分发挥了因重要他人介入而产生的诊断、强化、调整、导向等教育作用。同辈群体和重要他人同时在场，让受教育者既受主体认识参与的影响，也受情绪情感参与的影响；既有主体实践体验，又有情感经验的积累。这有力地促进了教育与自我教育的统一。

(四)快速营建良好班风

担当总结中的发言真实而又具体地表达了每一个人对班级的独特作用，这种正向引领下的同辈评价很快就能触发"群体道德榜样"效应，营建一种向上、向善的班级风气。

> 我们班苗同学尽管学业成绩并非特别优秀，但班上的同学都很敬重他，在修身班会上总是能听到他热心助人的故事。一个为人善良、热心助人、热爱集体的人更容易受到大家的认可和欢迎，这也影响着身边的人，善良的种子在大家心中萌芽。
>
> ——黄同学(初 2011 级 19 班学生)

(五)培养学生能力

1. 口头表达能力

担当总结十分锻炼学生的口头表达能力，它要求学生的表达条理清楚、要点分明、有理有据。这不仅需要学生对日常事务有认真的观察和思考，而且需要学生敢于表达，善于表达。担当总结让原本不敢发言、长期在班里保持沉默的学生有了表达的机会，也让敢于表达的学生在不断的实践中渐渐学会有条理、有逻辑地表达。

> 自己以前其实是有些内向和怕生的，多亏孙老师出主意让同学们轮流上台主持，我才有机会勇敢地站上讲台。站在讲台上第一次作为主持人和同学配合的那一刻，才是改变我性格的时候。之后大大小小的修身班会，总会有我作为发言人的身影。一次又一次的担当发言，使我变得开朗主动。现在同学和老师有时会说我语言表达能力强，归根结底，这都是我在修身班会上一次一次不断蜕变的结果。
>
> ——郭同学(初 2014 级 12 班学生)

2. 人际交往能力

班级就像一个小社会，每位学生都以"担当"的身份参与管理，既履行自己的义务又配合其他"担当"的工作，共同完成有挑战性的复杂任务，提高人际交往能力。尤其在担当总结环节，特定情感氛围下的体验场景推动个体在发言时重温"担当"履职行为，反思与同学、老师的互动和交往，习得与人共处的能力。这具体表现为：

第一，修身班会上，"担当"以"点名说出细节"的原则将近期观察到的行为真实、及时地进行反馈评价，形成了多样化、密集化、真实的互动交往情境。在具体的行为方式、价值观念得到同辈群体的表扬后，学生在被认同的愉悦体验中、被他人模仿学习的成就感中获得自我价值的肯定和安全感的确立，这能持续激发他们更加积极主动地参与人际交往。

> 女生楼长："我要表扬两个对象。首先表扬女生寝室，昨晚洗漱时遇到停水，但大家没有喧哗没有吵闹；其次表扬吴同学，虽然她因为取行李晚归，但快速回寝快速洗漱，准时就寝，没有影响其他同学休息。"
>
> （掌声）

第二，受到提醒的个体，会意识到自己的行为是不被接纳和认可的，从而渐渐地抑制或消除这种行为，通过调整、矫正行为以使自己融入到集体中。

第三，"担当"能用发展的眼光观察和评价他人，学会沟通与合作，学会谅解与宽容，学会同情和帮助，也学会接受别人的指导与建议，为正式成为社会成员做准备。

> 生（自由发言）："我要表扬蒋同学，他以前在课堂上总是接嘴或随意讲话，但现在他能在小组讨论时做到按照秩序发言，并说收就收，他的纪律性越来越好，我建议给他加 2 分。"

能用发展的眼光去观察和评价他人，这一点在小学和初中起始年级尤为重要。我们倡导慎重使用批评，先表扬，后提醒，存在重大过失才批评，以此来培养学生的共情能力、分寸感和换位思考能力。

> 一位小学生"担当"这样发言："我要表扬吴同学，以前她几乎不和同学交流，自从担任'安全担当'后，她不仅认真负责，主动制止下课打闹的同学，表扬文明休息的同学，而且发言越来越自信和大胆。我建议大家用掌声鼓励她再接再厉！"

第四，共处能力较弱或者性格内向的学生往往不太容易融入集体，与其他同学的交往较少，这十分影响他们人际交往能力的养成。担当总结为每一位学生提供了处理自我与他人关系的真实体验场景，那些默默做事但不善于表达的个体也有机会成为担当总结中的被评价者，这有效地促进了学生间的交往，锻炼了他们的人际交往能力：

> 以前从没有想过性格懦弱的我居然有管理全班同学的能力。在修身班会上，我们是各自岗位的"担当"，相互监督，相互提醒，相互肯定，也相互支持。作为"校服担当"，我在天气变冷时温馨提醒大家添衣保暖，赢得同学们的掌声；在有同学反复忘记穿校服时提出批评并重点监督同学改正，为班级负责让我心中充满了底气；集会外出，看见大家在我的提醒下都穿上整洁的校服时，我感到自豪；看见自己的名字一次次被写在"本月优秀担当"表扬栏上时，我找到了自己的价值。
>
> ——邓同学（初 2018 级 18 班学生）

第二节　担当总结的流程与主持人的培养

一、担当总结的一般流程

担当总结可以分为常规总结和自由发言两个部分。

（一）常规总结

在班级管理的过程中，仅靠班主任的个人力量，很难关注到班级事务的方方面面，于是在担当总结过程中，班主任可以将自己最想了解的、最担心和最容易出现管理漏洞的方面（比如安全问题、室外活动路队情况、住宿制学校学生的就寝情况等）列入常规总结，放在担当总结中的首要环节。这样有利于班主任及时了解班级最近发生的情况，把握班级的关键动向。

> 如，初中常规总结：
>
> 1. 安全担当：……
>
> 2. 卫生担当：……
>
> 3. 路队担当：……
>
> 4. 晨读担当：……
>
> 5. 自习担当：……
>
> 6. 寝室担当（分男生楼长、女生楼长）：……
>
> 又如，小学常规总结：

1. 安全小担当：……

2. 卫生小担当：……

3. 路队小担当：……

4. 早读小担当：……

常规总结的项目通常以 4～7 个为宜，以留出更多时间给学生们自由发言。特别需要强调的是，各学科担当的发言不宜放在常规总结。一方面，这会占用较多时间，但并非每一位学科担当都有需要总结评价的内容，因此他们有话则说，无话不讲，适宜放在自由发言环节；另一方面，常规总结应当涉及学习、生活等方方面面，将各学科担当发言放在这里，容易造成学生只关注或过多关注学习的倾向。

常规总结可以根据本班实际情况进行动态调整。例如，在大型活动（运动会、文艺表演等）期间，相关活动项目的"担当"的发言可以纳入常规总结。又如在小学低段，一些行为习惯（如整理书桌、按时喝水等）的养成期，相应负责的"小担当"的发言也可以纳入常规总结。

(二)自由发言

自由发言是担当总结的第二部分，每位学生都以"担当"的身份参与其中，每位同学都可以把自己的观察、评价表达出来。

自由发言环节反馈的面越广、发言的人越多，越能全面反映班级近况，越能激发学生的责任意识和培养学生的自主管理能力。

担当总结的时间一般控制在 15～20 分钟，特殊时期（如班级组建前期，问题较多时期或大型活动之后）可有例外，以保证"担当"们有充分的发言时间为准。发言过程中，对值得表扬的，特别是学生主动创造性做事的表现，大家应当及时给予肯定和强化，并通过加操行分予以激励。

二、主持人的四大功能

主持人作为修身班会中担当发言环节的组织者，对修身班会的有序、有效推进发挥着至关重要的作用。作为一种特殊的"担当"，主持人在班会课中主要履行组织、评价、调控和处理四大职能。

（一）组织

组织是指主持人在修身班会开始后，提醒同学们端正坐姿，正衣冠，并安排操行分记录员拿出记录本，之后组织大家有序进行担当总结。

在担当总结要结束时，主持人通常会用一句过渡语，把主持工作交给班主任，如"感谢各位'担当'的发言，接下来让我们把时间交给班主任"。

（二）评价

评价是指主持人对担当发言进行适当点评。点评需要有针对性，只需对突出或特别的发言予以简要评价，而不是每一位"担当"发言后都要进行评价。

小学低段学生的语言表达能力和处理事情的能力还比较薄弱，主持人能根据"担当"的发言给出简单评价即可。小学高段和初中阶段的主持人已经具备基本的逻辑思考能力，能够独立处理一些较复杂的情况。

> 小学低段初期的主持人发言："刚刚'卫生担当'的发言，做到了'点名说出细节'，后面发言的同学请向他学习，下面请'路队担当'发言。"

> 小学中高段的主持人发言："刚刚'卫生担当'说得很好，把李同学怎样主动帮忙做事的细节讲得很清楚，让我们其他同学也知道今后应该怎样做了。我们既要学习李同学这种热心助人的精神，也要学习'卫生担当'刚刚的发言技巧哦。下面有请'安全担当'发言。"

> 初中阶段的主持人发言："刚刚于同学表扬了郭同学，从于同学的发言中可以看到，郭同学的变化真的非常大，但同时我们可以看出作为郭同学的师傅，于同学一方面观察细致到位，善于发现徒弟的进步和闪光点，及时肯定；另一方面在学习方面，于同学指导和督促徒弟非常到位，尽到了一位师傅的责任。所以这里也希望其他师傅能向于同学学习。"

（三）调控

调控是指主持人在担当总结环节对时间和节奏的调控。

中学修身班会时长通常为 40 分钟，担当总结一般以 15～20 分钟为宜。小学低段修身班会时长相对较短，通常为 25～30 分钟，担当总结一般以 6～10 分钟为宜。

有的"担当"发言冗长、杂多，主持人要及时提醒"担当们"发言要突出重点。当担当总结的时间快要结束，可仍有很多"担当"举手想要发言时，主持人就可以提醒大家："由于时间关系，我们最后再请一位同学发言。"

(四)处理

处理是指主持人针对担当发言中的特殊情况进行前期处理。比如，发言人的站姿问题。当"担当"发言时没有面向听众最大化时，主持人可及时提醒。又如，发言的泛化问题。主持人要提醒发言人"点名说出细节"；有时可以通过追问，将行为明确，使发言的导行性更强。再如，"担当"提出的加分、减分不够合理时，主持人可以予以适当的调整，必要时可以征询全班同学的意见，让大家举手表决。再如，当同学间出现争执或矛盾时，主持人可以在后期予以处理，因为有些问题无法现场解决，需要课后调查后再行处理。

小学低段的主持人语言表达能力有限，应变能力欠缺，教师不能对其提出太高要求，可以在主持时多一些介入，不断鼓励、引导和培养小主持人，这样小主持人才有兴趣继续主持。

三、主持人的培养策略

接到一个新的班级，班主任要留意观察，选择适合担任主持人的同学，进行针对性培养。以下是常用的几种方式。

(一)教流程

班主任可以通过口述讲解、视频讲解、示范讲解，将主持的流程与要领一一解析，把主持人的四大功能一一讲明，以作指导。同时，班主任可以选择能力相对突出的学生进行实际操练，带动其他主持人学习主持。

(二)观摩、交流

班主任可以带领主持人有目的地观摩其他班级主持人的主持，相互交流、学习。杨南老师为我们分享了一个案例：

  一次，我带领主持人去孙晓晖老师班上"取经"，课下我又专门邀请孙老师班上的主持人与我班主持人进行交流。以下是交流实录。

  【我班学生 A】有时我不知道如何评价，我的一些评价话语总会重复。但今天听了你的主持，我受益很多，我还记录了你很多评价的话语。

【主持人】主持的评价话语尽可能丰富些，可以从不同侧面加以评价，如"担当"的发言内容是否有逻辑，先表扬后提醒；"担当"在表扬或提醒时有没有"点名说出细节"，如果没有，就要提醒；如果"担当"的发言已经很好时，就不要再重复"担当"所说的话。

【我班学生B】我留意到你提醒一个同学发言要面向听众最大化，但我们班目前很多人发言都会忘了这一原则，怎么办？

【主持人】最开始召开修身班会时，常常会出现这一状况，只要有"担当"发言出现这种问题，主持人就进行提醒，从而进行纠正。或者最开始时也可以将重要的两个原则写在黑板上：发言面向听众最大化，点名说出细节。

【我班学生C】如果"担当"发言时很拖拉，讲很久也讲不到重点，该怎么办？

【主持人】我会提醒"担当"发言时最好按照先表扬后提醒的思路；建议大家发言一般不要超过三点，从主到次，重要的事先说。

(三)视频学习

在搜索引擎上直接搜索"棠外修身班会专题网"，组织主持人观看专题网上的修身班会视频，提醒他们带着观察任务看视频，着重观察修身班会的主持人在主持过程中是如何组织、评价、协调、处理的。

(四)教师及时评价和指导

担当总结环节，班主任要留意观察，发现主持人的亮点和不足，及时加以评价和指导。

1. 对主持亮点及时肯定

杨南老师分享了一个案例。

"语文默写担当"："今天我要表扬杨同学、李同学、左同学、王同学四人，这四位同学前段时间一直有些拖沓，经过上次修身班会的提醒后，他们最近默写打卡都很准时，希望他们继续保持，我建议给他们每人加3分。"

主持人评价道："我留意到这四位同学确实有很大的改变，我相信大家都观察到了，对吗？（同学们异口同声地肯定），但是我觉得"语文默写担当"刚刚加的分有些不合理，因为班上很多同学每天都认真完成了默写，所以我建议只要同学们每天准时提交了默写，都可以相应加分，没有准时提交的可以相应减分，这样我们的操行分才比较公平。"

随后主持人让全班举手表决，并最终确定了更合理的加减分方案。

教师介入评价："主持人刚刚的处理非常棒，能切实考虑到许多细节，当他意识到有些加分有偏差时，能想出一些办法来解决，而且处理的方式是让全班举手表决，这样能听取同学们的意见，能更加民主，这正体现了修身班会是以学生自主管理为核心，而不是老师的一言堂。我们为主持人点赞，鼓掌！"

班主任在评价主持人时，要善于抓住评价契机，要有敏锐的洞察力，要在他们主持有进步时，及时给予激励性评价和方法上的指导，不断提升其主持水平。

2. 对主持不足加以指导

在修身班会上，各位"担当"的发言内容并没有预设的"台本"，非常随机和灵活，这对主持人的临场应变能力要求很高。当主持人的评价和处理不太恰当时，班主任要及时加以指导。

"卫生担当"："我要表扬林同学，做卫生很仔细，应该加 2 分。"

主持人正准备让下一位"担当"发言时，班主任及时介入："林同学做卫生细致表现在哪些方面？能具体描述一下吗？"并提醒主持人要留意"担当"发言是否体现了"点名说出细节"这一原则。

修身班会实施初期，"担当"的发言容易泛化，而当主持人也未能进行追问时，班主任就要及时提醒学生要"点名说出细节"。

教师的指导和评价要具体，可以针对主持人在修身班会上的表现来选择不同的点加以培养，比如需要评价时再评价，不一定每位"担当"发言后都进行评价；遇到较为突出的事件，要给予评价；评价的语言尽可能丰富、有变化。可以在课堂上及时指导，也可以放到课下进行专题培训。

第三节　担当总结中的教师介入

教师介入是指在担当总结环节，班主任对担当发言的适时评价和处理，在主持人履职基础上，更进一步针对学生反映的情况进行深入点拨和引导强化。此环节班主任应当在充分尊重学生主体地位、充分发挥学生自主管理和自我教育的基础上，借助班主任作为重要他人的优势，扮演好倾听者、观察者、记录者、引领者的角色。

一、教师介入的定位

担当总结是以学生为主体的活动。因此这一环节的教师介入必须要有清晰的定位，即"担当"发言过程中的倾听者、观察者、记录者，以及必要时的引领者。一方面必须要充分发挥学生自主管理和自我教育的主观能动性，另一方面也要发挥班主任"重要他人"的作用，引领学生明理导行。教师介入应当平衡和处理好这两者的关系，真正贯彻全员担当机制中学生进行自主管理与自我教育的宗旨。

教师的定位需要通过站位来体现，因此在这一环节中，班主任需侧站倾听，及时记录，为适时介入做好准备。标准的"侧站倾听"站位，是指教师站在讲桌一侧，面向全体学生，同时靠近讲台上的主持人。

标准的"侧站倾听"站位有如下作用：第一，通过表情和动作等肢体语言发挥评价作用。班主任通过表情和动作，传递自己的情绪和态度。如果班主任站到教室后面，学生接收不到"重要他人"通过肢体语言反馈的评价信息，德育效果将大打折扣。第二，方便配合主持人。一方面，必要时给予主持人提示、肯定等；另一方面，如果站得离主持人太远，会分散学生注意力，削弱主持功能。第三，便于班主任记录和整理要点，从中捕捉提炼恰当的"教育点"，为后续的教师评价和故事引领等环节提供角度和素材。

教师的定位还需要通过举手发言来体现。班主任先举手示意主持人，待主持人同意后方可介入发言，这既是对主持人的尊重，也是修身班会课上学生主体地位的体现。

二、教师介入的作用

(一)实施初期的指导规范

在修身班会实施初期,面对问题,教师需要及时介入。尤其是小学低段,教师介入可频繁一些。当学生总结时未能面向听众最大化的时候,教师要及时进行提醒;当学生发言未能"点名说出细节",教师要及时介入,跟进询问以避免发言泛化;当学生发言的音量过小,教师要鼓励学生声音洪亮、口齿清晰;当学生发言逻辑不够清楚,教师要及时帮助梳理;当学生总结后现场掌声不够热烈或在不需鼓掌时掌声泛化等,教师要及时进行指导。以教师的及时指导规范学生的发言,既有利于修身班会的推进实施,又有利于后期班会课放手,把自主管理和自我教育的舞台交给学生。

李小琴老师讲述了这样一个案例:

在一堂小学四年级的修身班会上,一位智囊团成员发言道:"我有一个表扬,一个提醒,表扬'晨读担当',每天早晨到教室后总是带领同学们读书,但要提醒有些做得不是特别好的'担当',希望你们能够改正,做好自己的本职工作。"

在此处,提醒"做得不是特别好的'担当'"的发言并未"点名说出细节",不能起到良好的导行作用。此时,班主任及时举手介入:"具体有哪些'担当'做得不是特别好呢?可以点名说出细节吗?"这位智囊团成员随即补充了需要提醒的同学和相应的细节。

经过班主任的及时介入,后面的担当发言就改进了。如"板报担当"发言:"我要表扬办黑板报的同学,分别是陈同学、李同学、金同学、王同学和我。请大家往后看,黑板上工整的字迹、漂亮的图案是我们牺牲了自己的休息时间,改了又擦,擦了又改,认真完成的。建议给我们每人加 2 分。"班主任再次介入:"希望后面的同学发言也要这样,点名说出细节。"

(二)正面强化

正面强化的作用无须赘述,积极的肯定和鼓励能够极大地激发学生的积极性,促使学生不断向教师期望的方向进步。而在修身班会中,教师介入所发挥的正面强化作用还有其特殊性：其一，由于是在同辈群体面前的肯定和鼓励，因此它的作用会放大；其二，由于是作为重要他人的班主任给予的肯定和鼓励，因此作用也会再放大。

肖雪玲老师分享了这样一个案例：

> 在小学三年级的一次修身班会的自由发言环节，一位同学站起来说："昨天晚上，我的水杯落在了食堂里，杨同学捡到我的水杯并给我送到了寝室里，我要谢谢杨同学。"说完之后，他给杨同学深深地鞠了一躬。此时，班主任老师及时介入，说道："我刚才发现一个细节，蒋同学不仅发自内心地感激帮助自己的同学，而且还给这位同学深深地鞠了一躬，这让老师非常感动。不仅感动于杨同学帮助他人的主动热心，也感动于蒋同学真诚的感谢。"语毕，全班响起了热烈的掌声。

在这个案例中，班主任老师的及时介入可谓"漂亮"，敏锐地捕捉到了学生在同辈群体面前肯定他人的教育契机，及时介入，在全班同学面前对此加以鼓励和赞赏，进一步放大了其正面激励作用。

刘钟元老师也分享了一个相关案例。

> "语文作业担当"："我有一个表扬，昨天我抱着作业从办公室回教室的路上，看到正前方有揉成团的卫生纸，一些同学'视若无睹'，我们班的小欢同学把它捡起来放进了垃圾桶。"教师举手介入："小欢同学虽然没有担任年级'走廊清洁担当'，但在面对这一团卫生纸的考验时仍然交出了满分的答卷。一个不管是否有人考核，是否能够加分，都低头弯下腰捡起了不属于自己的垃圾；一个默默地观察记下，在班会课上毫无私心地说出别人的美。这两种无私都很可贵。"

作为重要他人，班主任及时介入，将两位同学的正面行为进行强化和放大，使得班级中出现了更多主动做事的身影：主动晨读，主动打扫教室，主动到办公室抱作业本……

(三)及时纠正

针对"担当"发言中的一些问题，教师介入还可以及时纠正错误或避免消极导向。在担当总结中，学生由于自身生理心理发展的不成熟，难免会在处理问题、评价他人等方面出现偏差。例如，有些学生评价同学时用词不当，出现"老油条""狼狈为奸""恬不知耻"等具有强烈贬义的负面评价，有时加之主持人处理不当，便容易激化矛盾。此时，教师的及时介入就可以减弱甚至消除课堂上的负面影响，引导学生正确处理问题。

　　一次七年级修身班会上，一位"担当"在总结中用到了"主犯"这个词，这个用词是极不恰当的。这时教师及时举手介入："大家想一想，当你听到'主犯'这个词时，你会联想到什么？如果你被说成'主犯'，会有什么感受？（停顿几秒）我觉得'主犯'这个词语用得太严重了，我们更换成'第一责任人'可能会好一点。在以后的总结发言过程中，我们也要注意用词恰当，让自己的评价更容易被人接受，好不好？"教师此时的介入就显得很恰当，及时纠正学生的评价用词，引导学生换位思考，让自己的表达更易被他人接受。

(四)处理矛盾

担当总结是对全班同学近期学习、生活中的各方面情况进行反馈和评价，这难免会出现矛盾。在此过程中，班主任如果能够第一时间准确、全面地了解具体情况，就可以通过介入对矛盾和问题进行有效引导和解决。

如果矛盾较轻微，班主任可以通过当堂短时间内相互辩诘，及时处理；如果矛盾较严重，班主任需要通过课后调查，再行处理。

三、教师介入的策略

教师介入是一门艺术，如何在充分发挥学生主体作用的前提下，适时适度地介入，充分发挥重要他人的作用，需使用一些策略。

(一)识别和把握恰当的介入时机

第一，当"担当"履职尽责受到表扬时，要及时对其予以肯定，促使学生良好行为反复出现。

第二，当"担当"履职"长期"尽责受到表扬时，要予以大力度的褒奖。这不仅因为长期坚持不易，而且有利于形成良好习惯。例如，长期负责关灯的"担当"，每一天的午后和晚间，总是最后一位离开教室负责关灯，一周十多次，一学期几百次……三年来，上千次认真履职，难能可贵。

第三，之前表现不佳，现在有改进受到表扬时，要及时予以放大。

第四，当"担当"敢于在全班同学面前自我批评和自我表扬时，要充分对其予以肯定，这是学生自我教育的呈现。

第五，"担当"总结不光发现问题还能解决问题时，要及时介入，培养学生创造性解决问题的思维和能力。

(二)选择和使用恰当的介入手段

第一，口头语言介入。教师介入时要注意语调、语气。语言所传达出来的或惊讶或满意或惊诧或疑惑的情绪，能传递出重要他人的态度，对学生发言起反馈和评价作用。

第二，肢体语言介入。竖起大拇指的动作，一次率先的鼓掌，都是生动的评价。

第三，表情介入。一个鼓励的眼神、一个理解的目光、一个饱含深意的眨眼，都是对学生很大的认可和激励。

(三)侧重正向价值引领

"扬善于公庭，规过于私室。""担当"发言时，同辈群体和重要他人同时在场，这属于"公庭"，因此教师的介入评价应该倾向和侧重于表扬和肯定。若想提醒和批评同学，教师可以在课后单独与其沟通，进行纠正和规劝。

四、教师介入的常见问题

(一)强势介入的本质是教师强势话语权的体现

一位教师具有怎样的学生观和管理风格，会在一言一行乃至语气语调上有所体现。班主任如果坚持教师权威，不能完全放手，就易对主持人和"担当"缺乏信任、缺少耐心，就非常容易"越位"，取代学生的主体地位。性格偏急躁的教师还可能会在学生总结时频繁"插嘴"，不断介入指导，未经主持人同意强行介入。这样的强势介入，易使主持人成为摆设，也易使学生的自我教育活动又变成了班主任的说教会。

班主任的强势介入会破坏担当总结的自主生态，影响学生的自我教育，导致学生"不敢说，不想说"。这不利于学生发挥主体作用，不利于学生自主管理能力的提高，也与修身班会的教育理念背道而驰。

(二)完全不介入的本质是教师把握教育契机的能力和敏锐性的缺失

有的教师在整节修身班会中完全不介入。"担当"表扬、提醒同学也好，同学自我批评、提醒也罢，对班级某项工作有建议或创意也好，教师在整个过程中一言不发，美其名曰"尊重学生的主体地位"。这种完全不介入的本质是教师缺乏发现教育契机的敏锐性，无法识别和把握恰当的教育契机，于是白白错失教育机会。

五、不同学段教师介入的差异

由于小学、初中、高中学生在生理和心理方面的差异性，不同学段的教师介入也具有差异性。

(一)小学学段的教师介入侧重于培养良好的行为习惯

小学学段的教师介入，一方面关注学生的品德行为习惯培养，如对齐桌椅、整理抽屉、不乱扔垃圾、不骂脏话、学会倾听、发言先举手、课间不追逐打闹、便后冲厕、便后洗手、有序排队、光盘就餐等。另一方面，关注修身班会上的相关习惯，如先表扬后提醒、点名说细节、发言面向听众最大化、鼓掌热烈而短促等。

(二)初中学段的教师介入是培养良好行为习惯和引领价值取向并重

初中学生的心理很不稳定，可塑性强，性格未最终定型，这是个体心理成熟前动荡不稳的时期，也是理想、动机和兴趣发展的重要阶段，是个体世界观从萌芽到形成的重要阶段，也是个体品德发展的重要阶段。基于此，初中学段的教师介入除了继续关注良好行为习惯的培养，还应该关注和引导学生的世界观、价值观、人生观，引导学生形成向上向善的价值取向。

(三)高中学段的教师介入侧重引领正确的价值取向

高中学生的自我意识高度发展，对自己的评价日渐成熟与理性，并产生了较强的自尊心，但由于认识水平和行为表现并不能完全匹配，容易引发内心种种矛盾和冲突。因此，高中学段的教师介入应当侧重引领学生的价值取向，引导学生树立和践行社会主义核心价值观，培养有理想、有本领、有担当的新时代青年。

第四节　担当总结中的常见问题及对策

一、担当总结实施初期的突出问题及对策

担当总结实施初期最突出的问题就是变成"告状会"和"批斗会"。

由于学生心理发展水平不高，学生在认为自身的利益受到侵害或发现同伴的行为不合规矩（主要指学校、班级的规章制度）时，会向教师发起一种言语互动行为，目的是希望教师帮助、保护自己或制止他人的不当行为。因此，担当总结常常会变成"告状会"和"批斗会"。

但一个孩子如果经常被批评，长期被"批斗"，很可能逐步沦为低自尊学生，对孩子的成长造成非常严重且恶劣的后果，良好的班级氛围和班风更是无从谈起。

针对此，我们可以采取一些策略。

1. 引导学生发现他人优点

担当总结过程中，班主任作为重要他人可以有意识地介入，对舆论进行引导，主动去发现被批评同学的优点和进步的地方，或者引导学生换位思考。

> 我刚刚听到很多同学都提出了某某同学的不足之处，但是老师却发现这个同学有非常不错的一面，比如在"担当"提醒他要认真做眼保健操时，他马上就开始认真做，立刻改正。每个人都会有不足的地方，作为同学我们可以鼓励他不断改正缺点，同时我们也要学会去发现别人的优点。还有没有同学和我一样发现了这位同学的优点呢？

2. 引导善意提示

小学阶段，教师开始发挥可能超过家长的影响力，是学生言行效仿的重要对象和言行参考的重要标准。教师如果在平时过多地批评同学，学生也会争相效仿，对班级和谐氛围的构建很不利。教师不仅自己要宽容看待学生存在的问题，还要引导学生学会善意地提示，不要用苛责的语言和态度对待同学。如果在班会课上发现善意提示，教师要加以放大和强化。

3. 布置观察任务

教师可以在修身班会结束部分，布置正向观察任务，如"请大家观察，哪些同学有进步？""请大家观察，哪些同学主动做事？""请大家观察，哪些同学会想办法解决问题？"观察任务的布置，可以引导学生的观察方向和评价方向，从而有效避免"告状"和"批斗"。

二、担当总结中的其他常见问题及对策

(一) 站位不当

学生发言有时会面向讲台，这样离其较远或坐在教室角落里的同学可能听不清楚。因此教师要引导发言同学面向听众最大化，这样不仅便于全班同学听得清楚，而且是对自己的表达负责，是对别人的尊重。

(二) 逻辑不清

学生的表达能力和思维能力有一个发展过程，要面对全班同学和教师进行总结和评价需要指导和锻炼，否则可能出现重复啰唆、语无伦次的问题。

因此，教师可以训练学生"三点式"发言："三"是最适合用来推动观点的数字，它既是人们最容易接受的数量，也是人们忍耐的极限。担当总结宜采用"三点式"发言，比如"我有三点发言，两点表扬……一点提醒……"

(三) 内容泛化

担当总结中的泛化主要有两种。一种是对象泛化，比如担当发言中可能会出现"有些同学""大部分同学""个别同学"等泛化的表达；另一种是内容泛化，比如"表现很好""表现不佳""有进步""违反纪律"这样对象不清、行为不明、引领效度很低的评价。

对此，教师可以引导学生掌握"点名说出细节"这一原则。

(四) 涉及隐私，措辞不当

在"担当"发言时，有一些特殊情况需要引起教师注意，那便是发言涉及个人隐私或发言措辞不当。这一类发言较易引发负面舆论，导致一些不良后果。当个人隐私被公之于众，被曝出隐私的同学下不来台，甚至会沦为某些同学的嘲讽对象。而诸如"老油条""脸皮厚"之类的不当措辞在发言中出现，不仅容易引起同学间的误会和冲突，不利于解决问题，而且会严重刺伤被批

评同学的自尊。

针对此，教师应该及时制止，引导学生注意措辞，尊重隐私。

(五)掌声泛化

掌声泛化通常有以下几种情况：每一位"担当"发言结束后，全体鼓掌；"担当"发言意在提醒或批评同学时，其他同学也在鼓掌；同学们统一节奏的机械鼓掌。

教师应该引导学生热烈而短促地鼓掌，这是发自内心地赞赏他人的体现。实施初期，教师可以有意训练。

(六)念稿依赖

在修身班会实施初期，有些同学为了避免遗忘或担心发言混乱，会将发言内容写下来，照着稿子读。这样不仅影响表达效果，还容易走向形式化。

教师要引导学生尽快脱稿，锻炼梳理能力和口头表达能力。

第三章 教师评价的策略

教师评价是修身班会的第二个流程。班主任根据班级学生近期表现，结合"担当"发言内容，确立教育小主题，并过渡到故事讲述环节。教师评价是教师对学生日常言行进行价值判断、对良好行为进行"强化"、对问题行为进行处理的过程。教师评价中，班主任作为重要他人，发挥着"社会比较"作用，以调整和引领学生的价值取向。

第一节 教师评价的实施基础

班主任只有成为学生的重要他人，评价才能真正打动学生，影响学生。成为学生的重要他人是教师评价的重要前提，是教师评价的实施基础。

一、为什么要成为学生的重要他人

教育过程中我们常常发现这样的现象：处理同一件事情，有的教师只语重心长地说了几句话，犯错的学生就惭愧地低下了头；而有的教师大动干戈，花很长时间处理却收效甚微。在同一班级的门口，有的教师望一眼，全场就安静下来；有的教师甚至还未到场，学生就拿出该学科课本开始准备；而有的教师走上讲台，敲讲桌大声提醒却没人理睬。这中间，自然有教育者经验、人品、年龄及学识等诸多因素的区别，但本质上的原因，在于教育者是否已成为学生的重要他人。

"重要他人"最早是由美国社会学家米尔斯在米德的自我发展理论的基础上首先明确提出的一个概念。顾明远先生主编的《教育大辞典》对其作了如下解释：重要他人是对个体的自我发展（尤其是在儿童时期）有重要影响的人或群体，即对个人的智力、语言及思维方式的发展和个人的行为习惯、生活方式及价值观的形成有重要影响的父母、教师、受崇拜的人物及同辈团体等。

中国航天英雄翟志刚，出生在齐齐哈尔市的一个小乡村里。幼年时期，他的父亲卧病，支撑全家的母亲虽目不识丁，但却坚持砸锅卖铁也要供孩子读书。为了给家里减轻负担，他一直都省吃俭用，学习也全靠自觉。直到考上飞行学院，他依然放心不下家中操劳的母亲。临行前，母亲掏出一张带着体温的 5 元钱，硬塞给儿子，母子俩都哭了。考上大学当上航天员的翟志刚没有让母亲失望，即使再忙也不忘孝顺父母，每次探亲机会都会回家守在母亲身边，陪着聊天。采访中的翟志刚说，现在能吃到母亲做的饭菜就是最大的幸福，能有现在的成绩离不开母亲一直的鼓励！航天英雄翟志刚的母亲就是他成长道路上的"重要他人"。

重要他人是从学生发展意义上说的，是指对学生社会化发展有重要影响的具体人。教师作为学生校园生活的重要他人，其评价对于学生来说意味着绝对的权威。教师漫不经心的一句批评有时候对于学生不亚于一次海啸带来的创伤。教师的理解、呵护、包容和鼓励对学生而言是巨大的力量。

值得注意的是，在实际生活中，并不是每一个与儿童交往的人对他们都具有同等的影响力，都可以被称作重要他人。在不同的发展阶段，重要他人的构成也不同。在学龄前阶段，重要他人主要是家长；到小学阶段，教师开始发挥可能超越家长的影响力；在小学高年级阶段，同伴的影响力明显增加；进入中学后，教师的影响力虽有所减弱，但仍然是学生最为重要的影响源之一；到大学阶段，教师的意见也仍然会高度影响学生的自我概念。这些事实表明，教师对个体自我概念的形成与发展发挥着长期、重大而持续的影响，并且这种影响的性质很难为其他途径的影响所取代。这就意味着，教师看待学生的态度和对待学生的方式是学生在学校中是否积极的最主要的因素，教师不仅会对学生的自我概念发展发挥巨大影响，而且会由此影响学生的自我状况与整个人生道路。①

---

① 金盛华：《自我概念及其发展》，载《北京师范大学学报（社科版）》，1996(01)。

二、怎样真正成为学生的重要他人

每个人都有自己的重要他人，重要他人在人的一生中产生着重大影响。班主任和学生朝夕相处，具有成为重要他人的天然优势。值得思考的是，并非所有班主任都能成为学生的重要他人。那些能成为学生重要他人的班主任，都闪烁着耀眼的光芒，有着一些相同的特质。

(一)教学要"漂亮"

作为教育者，尽快成为学生的重要他人的捷径是教学。教育者高尚的人品固然令人敬服，但了解一个人需要较长的交往时间。而"漂亮"的教学可以让学生通过一堂课就被你所折服，让你迅速成为学生的重要他人。

"漂亮"的教学是对高效课堂感觉的形容。高效课堂如果用两个字来概括，一是"懂"，让学生学懂，懂知识，懂方法，练能力；二是"趣"，学生对所学的内容、学科感兴趣，为学科文化所吸引。"漂亮"的教学不是在强听强记强练之下"懂而恨之"，而是饶有余味并"心向往之"。

教师有三种：讲的是对的，但学生听不懂；把学生教懂；不仅把学生教懂，还教方法、练能力、激兴趣。"漂亮"的教学，就是第三种。

"漂亮"的教学是既"看得"又"考得"。"看得"的课堂教学，学生参与面大，参与层次高(思维参与)，师生互动好，课堂成为教师和学生个性及其生命得以张扬的精神场所。但这样的课堂绝不是演练作假，不是"只有快乐没有学习"的讨好式作秀。"漂亮"的课堂教学一定是"考得"的，因为有课前充分的预设与准备，教师对本堂课的重点与难点"胸有丘壑"，且有让学生不知不觉在课堂上"过手"的巧妙设计，因而学生"考得"。

教学"漂亮"的教师，总是能够找到适宜的方式吸引学生投入课堂学习，而且是一种不可察觉的投入。

李同学在周记中这样写道：九月的成都，还没有褪去闷人的热气，明晃晃的太阳让坐在教室里的我们似乎快抵挡不住浓浓的睡意，可我们紧张又兴奋地期待着我们的班主任兼语文老师的出现。这是我进入初中的第一节语文课。"盼望着，盼望着，东风来了，春天的脚步近了。"像时空穿梭一样，她突然就带着我走进了遥远的春天。我触到了像母亲的手一般的春风，我闻到了带着泥土清香的空气，我听到了费力卖弄的鸟儿的歌声……教室里汗津津的脸蛋儿上全是春天的面庞。从那一刻起，我就想一直跟着她，跟着她，跟着她去吟唱"采菊东篱下，悠然见南山"，跟着她去探讨庄子与惠子的快乐，跟着她回到"真理永远存在"的演讲现场。

从这位同学的周记中我们可以明显感觉到，开学第一堂"漂亮"的语文课就让她对教师产生了崇拜。再加上教师的身份还是班主任，有了这个基础，教师很容易成为学生的重要他人。

(二)人格要有魅力

班主任的人格魅力对学生有着极其深远的影响。班主任有了人格魅力，才会有威信，才会受到学生的尊重，才会获得教育的成功。

班主任的人格魅力来源于以下五点。

1. 对学生真心地关爱

情感是人与人交往的基础，教育更离不开师生的情感交流，尤其是班主任与学生之间。当学生遇到困难时，我们予以倾听、鼓励、帮助；当学生患病时，我们护送、关心、补课；当学生迟到时，我们耐心听听原因；当学生犯错时，我们真诚讨论原则；冬天过问学生是否穿秋裤，夏天为教室放两盆植物；给小姑娘扎辫子，陪小男孩踢足球。孩子对班主任的感觉细微至气息。只有用发自内心的真情实感去打动学生，感染学生，学生才会在情感上与教师产生共鸣，才会"亲其师，信其道"。换言之，班主任对学生的关爱和真诚，是每位学生对教师产生"敬爱""依赖"的首要条件。

2. 对学生及时充分地予以肯定与赞赏

能够对学生的成长产生积极的重要影响的，往往是那些善于鼓励、赏识学生的教师。一个班级里，每个学生都有不同的优点和不足。有的学生学习能力弱，但生活自理能力强；有的学生习惯不够好，但心地善良、待人热情。班主任要理解并正视学生之间的差异。俗话说，五个手指不一样长，但每一根手指都有用处。如果教师能积极发现学生的优点，用放大镜看学生的优点，那么每一个优点都将被放大成一个太阳。只有充满自信，学生才能愉快地学习和生活。不足之处有时可以弥补，而有时只需扬长避短。

爱是最好的教育，赞赏是最好的语言。会赞赏、会及时肯定孩子进步的班主任是有其独特魅力的。班主任更要去关注学生的优点、长处。每个学生都是一块宝藏，值得去发现。大部分学生在自我要求下，会对荣誉感、学习的成败、在集体中的地位、人际交往的能力等更为重视。如何让学生感受到教师对他优点的发现呢？光告诉孩子他多么优秀是不够的，需要让他在实践中发现自己优秀，在担当中发现自己的才干。内心的满足和成功的体验是养成习惯最强劲的动力，也是最高的奖赏。

3. 坚持原则

有的教师把师生关系解读为"教师要顺从学生的心愿"，以为只要学生高兴了，师生关系就和谐了，于是和学生打成一片、调侃逗乐、称兄道弟、和气一团，但这种亲密无间的朋友关系反而让班主任的威信和魅力大打折扣。学生在内心深处是明白"无原则的爱其实是一种溺爱、一种放纵、一种不负责任的行为，严格也是一种慈悲"的。对学生的错误不姑息、不袒护、不放纵，是班主任的人格魅力。同时，坚持原则与严格也包含一定的惩戒，教师的惩戒绝不是情绪化的发泄，应当在坚持中体现执着、在严格中包含爱护，使教育过程包含着对学生的关爱，体现出教师人格的力量。

4. 公平磊落

管理的核心是公平。对待学生要出于公心，一碗水端平。在班务工作中，班主任无论对人对事都要公允、平等。对每一个学生，不能因为成绩的好差、相貌的美丑、家庭经济条件的好坏而区别对待；对每一件事，不能分亲疏、抱成见和感情用事。在运用批评和表扬上、在实施奖励和惩罚上、在给予关心和照顾上、在评写操行和鉴定上、在推举先进和模范上、在提供条件和机会上，班主任都公平磊落，学生对这样的班主任是会敬重的。一旦出现奖惩不一、赏罚不明的情况，学生对教师的信任就极容易崩塌，这也会让学生的道德认知出现偏差。做一个心中有"公平秤"的班主任，公正对待每一个学生，才能赢得学生的信任。

5. 奋斗与创意

有魅力的班主任是一个奋斗者。无论是教师还是家长，其对孩子来说就是一面镜子，就是最好的示范。那么，用什么去吸引学生、感召学生？教师自身发展的轨迹、自身事业奋斗过程就是鲜活的教育资源，就是学生效仿追逐的偶像。有魅力的班主任还是一个创意者。在班务管理中常常有新点子，在课堂教学中时时有小窍门，不死板、不老套、不固执、不僵化，这样的班主任对学生具有极大的吸引力、凝聚力、感召力。

(三)知识要广博

小学生好奇心重，学习意愿强，喜欢提问。每一个小学生的脑袋瓜里都有十万个为什么。如果一位教师知识丰富，有广度，有深度，可以为他们解答，那么他们一定信服他。

初中阶段是人的价值观、人生观形成和人格发展的关键时期。初中生具有天然的"向师性"，一位深受学生喜爱的教师往往能够成为学生最直接的榜样，进而影响其思想和行为，这种影响甚至可能延续终生。一个上知天文下知地理，配得了化学方程式，谈得了李白杜甫的教师，极容易成为学生心中的偶像。如果一位教师不仅学识过人，而且还能够指导学生为自己的理想而奋斗时，那么他就赢得了学生的心。

知识渊博不只是知识数量的多少，更是教师具有寻找知识源泉的能力。时代在发展，知识在更新，作为班主任，即便有一桶水，也远远不能满足学生的求知欲，不可能面面俱到。但如果能不敷衍，以诚恳、严谨的学术态度带领学生探索，那么学生依然会被教师的治学态度所折服。

(四)要有敏锐的洞察力

只有具备敏锐的洞察力，教师才能善于捕捉教育契机，才能成为学生的重要他人。例如，女孩子进入初中开始快速发育，有的女生可能会出现走路驼背的现象，从而导致不自信，甚至可能会越来越自卑。这时候班主任就可以邀请生物老师在修身班会上为学生讲述青春期生理知识，引导学生正视自己的身体变化。在和学生的相处中，教师善于观察，才能敏锐地捕捉学生的变化。

嵇柯伊老师这样记述一个案例：

> 赵同学最近上课的时候总是走神，经常两眼无神地望着窗外。他的作文的语言风格也发生了变化，从曾经"小桥流水人家"的文艺范儿，变成了有点儿抑郁情绪的暗黑风格。就连大课间活动的时候，同学们招呼

他去打球，他也不愿意去。再加上他的爸爸妈妈最近频繁地分别联系我，以了解他在校的情况，我敏锐地觉察到，也许是父母的感情出了问题。我在他的周记本上写了这样一句话：老师好怀念你笔下的爷爷家附近的那座山，静谧安详，就像你一样，偶尔会内敛，但着实可爱。什么时候你能再讲讲那座山的故事呢？

周末返校的时候，赵同学走到我的办公室，脸红红地问我有没有时间，他想和我聊一聊。我让他坐下，他眼泪突然就掉了下来。"峗老师，我爸妈离婚了。已经有几个月了，我天天脑子里都是他们在家吵架的样子，现在我跟着爸爸住，我不知道该怎么办。他们是因为我才离婚的吗？是不是我做错了什么？"

我看着眼前这个半大小子，很是心疼他。我握着他的手，给他拿了一张纸巾，让他痛痛快快地在我面前哭了一场。当他缓和一点的时候，我告诉他："其实成人的感情很复杂，他们因为爱走到一起，但是如果分开，并不代表他们之间就会是恨。爸爸妈妈在一起十多年，他们相爱了十多年，他们有你这样一个儿子，你不能随便去否定这十多年的感情，否定你自己，否定他们两个人对你的感情。这段时间，你爸爸和妈妈都经常联系我，他们并没有告诉我他们离婚这件事情，但他们都询问了你在学校的情况，关心你吃得好不好，睡得好不好。这难道不是爱你的表现吗？"赵同学在办公室待了很久，从那天开始，他的状态明显好了很多，他会经常到办公室来和我交流，说出自己的感受。现在看来，他心中的阴云应该会慢慢消散。

(五)育人要会叙事

当教师一站上讲台，微笑着说"讲个故事吧"，孩子们就用欣喜的眼神、挺直的腰身表达着期待。变空洞的说教为生动的叙事，学生喜欢这样的教师。

教师所讲述的故事，不光是耳熟能详的历史典故，故事中的主人翁不只是高不可攀的伟人名人，不全是遥不可及的"高大全"形象。他们所讲述的，可能是昨晚的体育赛事，是诗词大会里的外卖小哥，是中国女排队员朱婷光环背后的执着，是中国飞天第一人杨利伟的太空之旅……故事不仅有时事，有趣事，还有自然，有民俗，有时尚，有心理学实验……若教师所说的事热门、广泛，总是具有震撼力，那么学生就会佩服这样的教师。

若一位教师不仅会生动有趣地讲故事，而且总要评点几句，话语不多，却总能把故事里的人和听故事的人自然地牵联起来，或肯定鼓励，或提醒引导，那么因为参与和被关注，学生就会在乎教师。当学生喜欢教师、佩服教师、在乎教师，教师就成了孩子的重要他人。

下面是毛传友老师叙事育人的典型案例。

不要怕，老师今天请来了一位年仅14岁却已经成为世界冠军的"天才少女"，来给大家答疑解惑！

（播放全红婵的比赛视频）

学生们看到屏幕上的全红婵，小小的她，却已然经历了大大小小的各种赛事，一路过关斩将站上了世界比赛的舞台，班上的同学都为之而感动。

师：毛老师看到很多同学感触颇多，还有同学掉了眼泪，能说一说为什么吗？

生1：看到全红婵只有14岁，可是在烈日暴晒过后的铁板跳台上训练，完全不会退缩。她对待每一次训练不会退缩的态度，太让我震撼了。

生2：当看到她说"没去过动物园、游乐园，最大的梦想就是开个小卖部"时，我才感觉到她虽然是世界冠军，是"天才少女"，但同时也还是一个小孩，一个已经坚强地长大了的小孩！

生3：成功并不是那么容易得到的，每天她都会在陆地上跳200－300次，水上跳120次左右，这些都需要不同常人的毅力。

……

师：对啊，网友夸赞她是"天才少女"，可是当记者问她："你是怎么做到把水花压得那么好的？"全红婵只是简短的两个字回答："练的。"有一个动作没有做好，那么就一天、一周反复练习，直到近乎完美；面对跳台滚烫，就用毛巾挤水降温，也要坚持入水。正是因为这样不怕困难，一次次坚定而自信的入水、一次次的空中翻滚，才迎来了现在的成功。而在座的我们何尝不是这样呢？我们班上也有一些这样的面对困难毫不退缩的同学，咱们来一起看看。

像毛传友老师这样，化空洞的说教为讲故事，学生的接受度会高很多。但动情晓理导行不完全是自然完成的，通常需要通过启发、析理激发情感体验，引发情感共鸣，引起情感迁移，产生共情效应，促使经验重构。只有这样，学生才能实现对教育故事从感触到感动、由感动到感悟、由感悟到行动的"内化外生"过程。

(六)学会表达情感

作为班主任，哪怕教学"漂亮"，知识广博，又有人格魅力，但如果不善于表达情感，也不容易成为学生的重要他人。教师只有学会正确地表达情感，才能让学生感受到尊重、信任、理解、包容。

那么，作为教师，如何正确地表达情感呢？不同的学段有不同方法：

刚进入小学的"入学适应阶段"，是孩子生命中的一个重要转折点。小学是正规教育的开始，由于对小学作息制度、人际关系、期望和要求等方面的不适应，这一阶段孩子容易出现迟到、课堂坐不住、课后忘写作业甚至不想上学等入学困难。教师针对这个阶段的具体情况可采取如下方法：首先从情感态度上，给予孩子安全感、归属感。关爱学生，尊重学生的个体差异；从语言选择上，用亲切、温和的语言吸引并引导学生行为，用积极、乐观等正面的语言表达对学生的赞美和鼓励；从肢体语言上，多采用真诚的微笑、柔和的眼神、轻拍肩膀等方式表达情感。总之，对这一阶段的孩子，教师应用极大的耐心和智慧调动头部动作、手势、表情、语言等方式柔和地表达对学生的情感。

小学三、四年级，又称小学中段，是孩子学习习惯、学习态度、主见思维、独立个体心理形成的发展阶段，本阶段孩子呈现"问题多、不稳定、变化大"等特点，针对这一特点，教师可采用如下方法：首先，建立积极的评价体系，用操行分加分、语言表达等方式，对学生具体的良好行为进行捕捉、表扬、放大、扶持，让学生感受到成功的喜悦，从而形成习惯；其次，加强积极的心理暗示和激励，教师对学生的评价关系着学生自我评价，因此，教师要坚持给学生传递积极的期望，增强学生的自信；最后，激发学生的主体意识，唤醒学生内在的驱动力，为其自我生长的动力创造成长的空间。

　　小学五、六年级，又称小学高段，属青春期早期，有"自主意识较强、批判思维逐渐出现、对师长行为偶有抵制和反抗"等特点，一方面他们渴望获得欣赏和关爱，成为众人心目中的好学生；另一方面随着思想的成熟，又希望得到尊重和平等的机会，希望自己的想法能被看到，但由于又不够成熟，因此在表达上反而更易紧张，说话做事信心不足，犹豫胆怯。因此，教师应本着"扬善于公庭，规过于私室"的原则，在课堂上多采用正面鼓励的语言，给予学生赞赏，私下应坚持实事求是的原则，温柔而坚定地指出不足，表扬其进步，以公正心、同理心、关怀心与学生平等沟通。当然，不同情境，依据个人风格的不同，可采用不同的情感表达方式，或风趣幽默点拨，或循循善诱开导，或将心比心规劝，无论哪种方式都应以加强与学生交流为方式，引导学生积极进取、平和自信发展，所谓"亲其师，信其道"，教师也应加强自身素养，以潜移默化影响学生。

　　初中七至九年级，这一阶段孩子正式进入到青春期，受青春期的发育影响，学生对情感价值的需求更高，更需要教师关照到他们的情感心理、情绪体验。因此，教师在备课中就应该考虑到情感、情绪调动这一元素，生活中多观察学生，了解学生真实的生活体验、情感需求，课堂上运用情感评价，调动学生参与，引导学生梳理青春期情感应对方法，比如"异性交往""小团体交往""亲子冲突"等，对学生在与各类群体交往中可能存在的问题、矛盾、需求予以充分的了解和引导，帮助学生调适心理、转变方法，平稳地度过青春期，形成平和、理性的人格。同时，教师应创造和谐、互助、关爱、民主的班风，引导班级成员主动创造和谐关爱的群体特点，当然，这对教师的要求较高，教师应博览群书、广泛学习，以自身超高的人文素养、智慧手段引导学生向美向善。

第二节　教师评价的教育功能

　　教师评价发挥着教师重要他人的作用：对良好行为的强化，对问题行为的处理，对价值行为的导向。

一、对良好行为的强化

在良好行为养成的初期，学生呈现的良好行为都需要及时强化。当得到正强化后，学生的成就动机就被激发，以后遇到相同或类似的情况就更可能出现积极行为，慢慢地学生的内在开始觉醒，其认知和行为也发生改变，努力尝试做更好的自己。班级中同辈群体的力量巨大，当同龄人得到表扬，其他学生自我实现的需要就会被激发并及时反思，努力尝试在以后的日常学习与生活中不断完善自己。班级中的每个个体共同努力，健康的班级氛围和良好的班风就能很快营建起来。

第一，在修身班会实施初期，如果主持人或"担当"有良好或进步的表现，教师应及时夸赞，并描述他们的表现细节，这可以促进其良好行为的反复出现。

【教师评价】今天同学们的表现令人欣喜，我要点两个赞。一是为我们的主持人王馨怡同学点赞，今天是她第二次上台主持，她照顾到了更多的同学发言，点评及时具体，进步非常大；一是为总结和发言的同学点赞。同学们经过一个月的培训，学会发言时面向最大多数同学，口头表达条理清晰。比如"室内安全担当"杨同学、"英语晨读担当"任同学，他们总结时都先表扬后提醒，且无论是表扬还是提醒都点名说出了细节。"卫生担当"黄同学针对放学后第一小组有同学的座位下面有垃圾的情况，提出了同桌相互提醒、小组长督促的建议。换句话说，他不光提醒了同学，还给了方法，真是班级的热心"担当"。

第二，如果担当总结中提到有同学比以前有明显的进步，可及时夸赞，并对比说出前后表现出的不同，并加以具体描述。

在一个班级中，难免有一部分同学表现平平，不容易得到表扬。但这部分学生的确也有可圈可点之处，如果被同学发现且在担当总结时在班级被予以公开肯定，这类学生就会被更多同学了解、认可、赞扬。可想而知，他们该多么高兴啊！这份肯定，一定能给他们莫大的鼓励，他们的信心得以增强，内在向善向上的动力可能也会被激发。如果能持续巩固，良性循环，便容易养成良好的习惯。如果班级整体在某一方面有明显进步，教师在评价中及时正向强化，也会鼓舞学生保持好的表现。

【教师评价】在今天的担当总结中，我了解到大家在课前准备方面有巨大的进步。记得上一次修身班会，"课前准备提醒担当"还在发怵。今天，他就表扬大家课前准备做得好：下课铃一响就准备好下一节的书本；预备铃一响就自觉回到座位；课代表领读，全班同学大声读书。你们知道吗？整层楼的师生都听到了咱们一班同学朗朗的读书声，那么悦耳，那么洪亮。办公室里的其他老师都表扬了你们。大家能积极接纳"担当"的意见，及时调整，才有今天这份可喜的变化。我为你们点赞，加油！

第三，如果学生有突出的表现，务必及时强化，在集体中树立榜样。比如，严同学作为"电脑担当"（小学一年级）能在一分钟之内打开电脑和投影仪，连接视频和音频设备；侯同学作为"黑板磁铁担当"（小学二年级）能每一天每一节课都坚持提前把黑板磁铁准备好；李同学作为"课表担当"（初中一年级）积极号召能写会画的同学，将课程表重新设计：漂亮的艺术字、生动的图画令人赏心悦目，每周一幅别具匠心的课表都是"担当们"锐意创新的杰作。

对于这些有难度的、需长期坚持的、有创意的行为，教师要给予赞赏和评价。这能在班级引发大部分学生的效仿，鼓励学生形成良好的行为习惯，推动班级营建良好的班风班貌。

二、对问题行为的处理

处理是对担当总结中学生的不当言行进行及时提醒和调整，引领学生向上向善。如果是一般违纪，教师可通过语言说服、分析言行表现、适当的惩戒等方式在修身班会课上当堂处理，带领学生解决实际生活中的冲突，让他们知道以后应该怎么做。教师评价的目的不在于证明而在于改进，所以教师要注意处理的出发点是关心爱护学生、不侮辱学生人格和不损害学生的身心健康，最终的目的是教育学生。

如果担当总结中出现教师当时还不知情，或涉及学生隐私、重大违纪等情况，通常情况下教师可在课后私下处理，以全面了解真实情况，这样既能保护学生的隐私，又能做到妥善处理。

三、对价值判断的导向

在担当总结中，如果出现学生无法进行价值判断，学生提醒甚至批评声音过多等情况，教师就需要进行价值判断和引导。

如果担当总结中出现学生无法进行价值判断的情况，教师可以从符合学生身心发展规律的角度进行引导。

【教师评价】从今天的担当总结中，我看到同学们最大的进步就是课间文明休息。大家休息的方式更多样了，比如看绿植、下跳棋、翻花绳、和同学聊天，这些方式既安全又有趣。同时，有"担当"表扬同学上厕所时看书。知道利用零散时间学习是好事，但在上厕所这种情况下合适吗？我想听听同学们的看法。（学生：……）从医学的角度来说，长期上厕所看书会导致慢性便秘，排便节律一旦破坏，就很难恢复，可能还会影响肠道功能。排便同时做其他事情还会诱发痔疮。如果上厕所看书时间过长，厕所中的氨气含量太高，会增加氨气吸入量，导致呼吸道受刺激加重，可能患上呼吸道方面的疾病。看来，上厕所看书表面上能让我们收获知识，但实际上也给身体带来了伤害。包括在食堂里边排队边看书，放学路上边走边看书等，我们也都不提倡。

如果担当总结中出现学生提醒甚至批评的声音过多，教师需要引导学生多正向观察，正向评价。对改变甚微的同学，教师可以为其创造机会，让他获得肯定，再借助担当总结，扶持放大。

案例：

一次修身班会自由发言环节，孩子们正踊跃发言，或表扬身边闪光的同学，或提醒种种调皮懒惰的行为。其中，王同学的名字出现得尤其多——"我要批评王同学，今天上道德与法治课，他老是找周围的同学讲话！""我要提醒王同学，路队上不能和同学打闹！""王同学上课时总是把桌子使劲往前推，挤得我都坐不下了！"小主持人一时不知所措，导向的任务自然留到了教师评价环节。

徐老师评价："今天，很多同学都帮助王同学指出他的缺点，希望帮助他进步。同时，王同学就真的没有优点吗?"

话音刚落，小家伙们就举手了。丁同学说："今天王同学辅导我写单词，每个单词都认认真真地教我，花了好长时间，到最后，我只有几个单词不会写了，我要谢谢他!"吴同学说："以前下雨的时候，王同学每次吃完饭回教室，总拿伞到楼下去接我们，怕我们淋雨。"

"最近在练习跳长绳，王同学个子高、跳绳不怎么协调，所以甩绳的任务就被分派给他了，他总是尽心尽力、毫无怨言，别人跳不过，他还热心地出主意。今天上午最后一节道德与法治公开课下课，同学们都冲到卫生角洗手然后出去排队，因为"先到先得"。只有他没有急于去排队，一个人默默地收拾好了教室后面为听课老师准备的所有的小圆凳。没有人叫他那样做，可是他却那样做了，还并不声张。"我也和孩子们分享了关于王同学的这两件事。孩子们默默地沉思着，心也被这样无私而温暖的同学融化了。

第三节　教师评价的实施策略

教师评价有两大策略，一是抓点点评，二是自然过渡到故事讲述。

一、抓点点评

担当总结涉及学生学习生活方方面面的表现。教师评价不能面面俱到，也不宜面面俱到。选择需要强化、引领、矫正的内容，抓点进行点评，就能真正以评价促发展。那么，抓哪些点进行点评呢?

(一)抓突出点

担当发言中，可能会出现两位乃至多位"担当"总结同一类事情的情况，这就是担当总结的突出点。突出点可能是良好的言行表现，比如，在一堂班会课中，好几位"担当"分别表扬了一些同学："饮水机担当"每天早晨来到教室便打开饮水机，放学后及时关掉饮水机;"粉笔担当"无须提醒，提前检查并更换粉笔;"语文晨读担当"一到教室就带领大家朗读诗词。教师在评价时就可以抓学生主动做事这个突出点。

突出点也可能是不良的言行表现，比如，在一堂修身班会课中，好几位"担当"提到同学间起带侮辱性的绰号，教师对此就应该把"尊重他人"这个突出点梳理出来进行点评。抓突出点点评，既可以发扬同学中的突出亮点，又可以及时纠正不良言行表现。

(二)抓进步点

担当发言也会涉及某某同学的进步。比如，向同学已经连续三天按时上学，不像以前一样迟到；李同学的书写比以前工整多了；欧同学之前有些挑食，常常倒掉不少饭菜，昨天做到了"光盘"。如果教师将这些进步点抓出来点评，对这些同学是巨大的鼓励，也更易促成他们良好行为反复出现。同时，这对其他同学也是激励，进步就是优秀，其他同学也可能效仿他们，主动改正不足，争取进步。

(三)抓自我教育点

自我教育是一个人在道德修养上的自觉能动性的表现，是形成个人品德的根本动力。传统的品德教育，往往单纯按照校纪校规对学生行为加以奖惩，这是他律，无法真正培养学生的自律能力。自我教育是教育的最高境界，通过自我教育，学生能从心理上真正接受教育内容，自觉地吸收。学生的自我控制、自我管理能力就能逐步得到提高；各种良好的行为就会成为一种习惯存在，进而转化为一种品质。

【教师评价】吴同学表扬自己珍惜粮食，坚持"光盘"行动。她善于自我激励，同时积极带动了大家。李同学提醒自己抽屉不够整洁，降低了学习的效率，并决心养成爱整理的好习惯。他懂得反思，善于自我教育。他认识到自己的不足且愿意改正，我们期待他的抽屉变得整洁。你们知道他们是什么行为吗？（生：……）对的，他们自我反思，自我评价，积极地自我表扬和自我提醒，这样的教育叫自我教育。苏霍姆林斯基曾说，只有能够激发学生去进行自我教育的教育，才是真正的教育。小学阶段你们就有了自我教育的萌芽，太珍贵了！太了不起了！

二、向故事讲述自然过渡

教师对担当总结抓点点评后，要自然过渡到下一个环节——故事讲述。不过，这个过渡怎样才能做到自然呢？有以下几种常见方式。

(一)勾联过渡

班主任可以把学生当堂课的担当发言、学生的近期表现、家长或课任老师反馈、自己的观察等，与当堂课的教育小主题勾联，过渡到故事讲述。大多数情形下，修身班会都预设了当堂课的教育小主题，过渡时，班主任可选择和主题相关联的故事，这样显得更加自然。

【教师评价】大家看，这是一张微信截图。这是你们的英语老师发给我的，她表扬你们主动晨读，主动完成课后作业，作业的质量也越来越好。这些都说明你们越来越自律了。今天，我正好要分享一个关于自律的故事，自律到底有多大的魔力呢？让我们走进故事。

【教师评价】从同学们的自由发言中，我了解到有些同学觉得建立班级公约，有种被约束的感觉，不自在。能大胆表达自己的感受，很棒！班级公约，确实让人有一些"约束"。既然有一些约束，我们为什么要建立班级公约呢？请大家听一个故事。

(二)设疑过渡

班主任可以引导学生分辨需要判断、辩论、矫正、解决的问题，提出疑问，过渡到故事讲述，让学生在思考中听故事。

【教师评价】或许有些同学会觉得这么小的事情，应该没什么关系吧，这种态度对不对呢？接下来我们看一个视频《一个小数点酿成的悲剧》，在视频中寻找答案。

【教师评价】这次半期考试后，有同学的爸爸妈妈想帮着一起分析一下成绩，却被有些"宝宝"冷淡的态度刺伤。这种对待爸爸妈妈的态度对吗？我今天特别想把这个故事——《六点叫我》讲给在座的每一位同学听。

【教师评价】手机，本是现代科技进步的一个产物，却占据了很多同学大量的时间和精力，他们可以用当下一个比较流行的名称概括，那就是"低头族"。低头族的世界值得我们加入吗？接下来我们看一个视频《低头人生》。

(三)设悬过渡

班主任可以借助故事情节设置悬念以过渡到故事讲述，吸引学生听故事。

【教师评价】有四个推销员接到任务，到庙里找和尚推销梳子。我们都知道和尚没有头发，不用梳子，那这四个推销员是怎么去推销的？结果又如何呢？请听故事《把梳子卖给和尚》。

【教师评价】她一直成绩平平，多年以后又会怎么样呢？请听故事《剩者为王》。

三、教师评价的三大禁忌

(一)切忌说教

有的教师在教师评价环节可能抓了点，但他的评价只是讲大道理。这又回到空洞的说教，容易使学生产生厌烦、抵触的情绪，效果往往适得其反。

【教师评价】今天的担当总结给我印象最深的有两点。一是一些"担当"工作积极负责：数学课代表杜同学做事主动，及时收发作业，提醒同学改错；语文课代表许同学积极督促大家在学习组长处背诵古诗。但是，有的"担当"就形同虚设，不知道自己的职责是什么吗？别人可以做好的事情为什么你做不好？作为"担当"，没有以身作则，如何服众？人人有担当，事事有人做，班级建设是靠几个人就能完成的吗？

在这个案例中，教师发现问题后一再苛责，没有关心出现问题的原因，也没有给学生任何有价值的建议，换一种方式会更好，如下：

【教师评价】今天的担当总结给我印象最深的有两点。一是一些"担当"工作积极负责：数学课代表杜同学做事主动，及时收发作业，提醒同学纠错；语文课代表许同学积极督促大家在学习组长处背诵古诗。同时，有的同学在开展工作时不那么顺利，这可能是由于他们不太清楚自己的具体职责有哪些，也可能还没有习惯坚持做，或者有其他的原因。无论是什么原因，相信大家都想把担当工作做好，也希望通过担当工作锻炼自己，提升能力。有什么困难我们一起交流，想办法克服。也请大家留心观察、发现主动完成担当工作的同学，下次修身班会上予以表扬。

(二)切忌泛化

有的教师在教师评价环节，不论表扬或提醒，都只是笼统评价，比如"你们表现好棒!""你们进步好大!"由于没有具体到个人或行为，很难促使学生效仿或矫正。

【教师评价】今天担当总结中提到很多同学表现都很好，值得我们学习；被提醒的同学请及时改正。

在这个案例中，教师把表扬的内容一句话带过，没有点名说出细节。对被表扬的同学几乎没有激励作用，对其他同学也没有多大冲击力和感染力，换一种方式会更好，如下：

【教师评价】我要把感谢的掌声送给冉同学、方同学、王同学、张同学，感谢他们的付出。一天，冉同学和方同学找到保洁阿姨借来鸡毛掸子，原来他俩发现墙顶有蜘蛛网。趁大家晚饭后的休息时间，他们把墙顶扫得干干净净。在接下来的几周里，不论该不该他们做清洁，他们都定时清理屋顶，两个人相互配合，一个人扫一个人看，扫完后两人再一起检查。这周，讲台上的木地板突然掉下来一块。下课后，王同学、张同学拿来毛巾，先把脱落的地方擦干净，再用双面胶把木地板贴上去。还没到中午，木地板又掉下来了。他俩想了很多办法，最终又选择了透明胶，一人扶着木地板，一人配合，先固定四个角，再从四周稳稳贴住。几天过去后，木地板没有再落下来。扫蜘蛛网，贴掉落的木地板，原本都不是他们职责内的事，他们能发现问题，积极主动想办法解决问题，太能干了!

(三)切忌无视

有的教师在评价过程中完全抛开担当总结的发言内容，无视学生的表达，只是直接表达自己对学生表现的看法，或直接生硬地讲故事，打击了学生作为教育主体的积极性和主动性。

【教师评价】今天的总结很全面，很具体。希望大家积极听取担当的意见和建议。我想说说我近期观察到的情况。

在这个案例中，教师直接忽视担当总结环节中的学生发言，忽视学生进行自主管理和自我评价的作用，忽视学生的见解和感受，只表达自己对学生表现的看法，打击了学生作为教育主体的积极性和主动性。建议教师针对担当发言进行抓点点评。

第四章　故事讲述的策略

第一节　故事讲述的教育意义与特征

修身班会运用故事法进行班会教育，目的在于激发学生对故事内核产生共鸣，在于唤醒每个学生内心对故事情节的认同，通过德育故事的情感体验，促进他们道德经验的重构。

修身班会中的故事法分为故事讲述和故事引领两个环节。故事讲述需要教育者深刻理解故事讲述的教育意义和特征，而不是简单的故事分享和视频观看。

一、故事讲述的教育意义

(一)以"事"动人，避免空洞说教带来的抵触、逆反

故事最能吸引注意力和引发听者的兴趣，因为故事是人类最原始的从古至今都一直接受的形态。教育中的故事法通过生动地描述与学校生活相关的故事，使叙事者和倾听者回到生活的现场，重新唤起原初的经验，从而找到真实的自我。故事法以"事"动人，可以有效避免空洞说教带来的抵触、逆反。

德育工作者，尤其是班主任，要成为讲故事的高手，才能长久吸引学生的注意力。要进行教育对话，教师必须学会道德叙事，成为一个会讲故事的人，因为那些不懂得讲故事艺术的人会使对话单调乏味，而可以将叙事和德育有机结合的人，可以使道德回归生活。

(二)以"叙"动心，强烈的感触才有强烈的感动

苏霍姆林斯基说："没有情感，道德就会变成枯燥无味的空话。"道德情感体验是品德形成的中介环节，是促进主体道德内化的动力。故事法的关键是以情感人，即"动心"。只有强烈的感触才有强烈的感动，只有强烈的感动才能带来深刻的感悟，故事的叙述是让学生产生强烈感触的最有力的方法。

如何"叙"才能动其心？这既是一种思路和策略，也是一种操作艺术。首先故事要讲述得有感染力。教师可以通过情绪渲染、情感感染、抒情煽情来动人心弦、感人至深。其次要产生共情效应。教师在讲述故事的过程中可以通过道德语境营造、道德情景设疑、道德两难选择、道德行为判断等形式，引发学生情感共鸣，引起思维互动，引导经验重构。一次成功的故事呈现会让人有余音绕梁般的感动。

(三)以"理"导行，最终促成行为发生

品德的形成与发展是个体道德认知、情感、意志、行动等要素整体协调发展的过程，其中知是行的引导力，情是行的驱动力，意是行的恒动力，它们合力对行为起着启动、驱动、引导的作用。故事通过"讲述"与"析理"相结合，能让学生产生强烈的、深刻的道德性感触、感动和感悟，从而产生道德认知、情感和行为冲动。情感体验会产生情感共鸣和感动，但情感体验必须转化为主体的认知感悟才能形成明理导行的作用。"有感于内，必形于外"，最终促成道德行为的发生。我们把主体从情感体验、感悟到意识观念形成的过程称之为道德"内生"，道德"内生"后才能"外化"为行为。

二、故事讲述的特征

以往的德育工作中，教师或许也运用了德育故事来进行思想品德教育。然而在故事的遴选上往往围绕品德教育的宏大目标，侧重于说教，没有考虑学生的生活实际和认知需求，难以触动学生的情感态度，难以对学生的心灵产生震撼，容易流于形式，实效性低。

(一)故事遴选的要点

故事法(德育叙事)的首要任务在于故事的遴选。适合讲述的故事素材通常有以下五个特征：

引领性。德育叙事中的讲故事绝非茶余饭后的趣事闲聊。它不仅指向明确的价值观，而且必须有清晰的德育目标，即针对当下学生在某领域或某方面的品德缺失，选择相应的故事案例进行引导。

针对性。一方面，要针对相应阶段学生的心智水平、价值观和兴趣爱好，这样选用的故事才能吸引学生、深入学生内心。另一方面，同一阶段甚至同一年级的不同班级情况也往往不同，一个故事不一定能够适应所有班级。

生活性。故事应贴近学生作为道德主体的最近发展区，激活他们的生活经验。它直接影响着学生进行道德学习、参与道德对话的兴趣，决定着德育过程中学生道德发展的内在动因。所以，我们既要选用古今中外的生活故事，也要善于从学生自身的学习、生活中搜集故事资源，并及时地应用到德育叙事之中。

情感性。德育叙事对象是教育空间里的人。它体现了人与人之间的关系及各种变量，包括言语和心理、外在和内隐。而叙事语言则包含了叙事的文字、教师语言的灵活生动和情感的流露。故事的情感因素是直接影响德育叙事能否入心动情的重要因素。选择具有矛盾冲突、情感波折、发人深省的故事案例是德育叙事的关键要素之一。

新颖性。当下青少年对信息的获取与认知是多元的，价值取向也是多元的，因此教师提供的故事也应该是多元的、新颖的，哪怕是古老的故事也应当用新的表达加以讲述。

(二)故事讲述的基本特征

故事对于学生有天然的吸引力，然而，好的故事如果没有"好的讲述"也不一定能吸引人。修身班会中"好的故事讲述"至少有三个特征：

第一，能吸引人。吸引人的讲述能很快让听者融进故事。能吸引学生是故事"讲述得好"的首要标准。这要求教师在内化故事的同时还要把握好讲述的策略。如果教师照本宣科地读故事、平铺直叙地念故事，再生动形象的故事也变得索然无趣，无法吸引学生。

第二，引起情感共鸣。故事讲得成功的关键在于让学生把故事与自己的生活勾联起来，让学生产生情感的共振，让学生的心灵受到触动，甚至震撼。如果教师只顾着讲，不关心学生的反应，是很难完成这个目标的。

第三，有较强的导行性。故事讲述除了要达到扣人心弦的作用外，还必须有较强的"导行"功能。如果只是因为学生喜欢听故事，教师就"投其所好"地讲故事，甚至直接用播放视频来代替讲故事，德育功能最多只完成了"内生"的一部分，还没有完成"外化"这一重要部分。能引导和激发学生的行动是故事讲述的最终目的。

第二节　故事的来源与搜集

讲什么故事呢？有的教师常常犯难。这是因为教师缺乏随时搜集素材的敏锐意识以及长期的阅读积累。搜集和积累故事素材，是上好修身班会绕不开、无法省略的必要性工作。至少，教师应该有随时搜集素材的敏锐性。

那么，故事素材从何而来呢？一切对学生有启迪价值，有引领意义，有教育作用的各类信息都是重要素材。故事可以来源于他人的经验，也可以来源于本校、本班学生自身的言行资源，无论是正能量还是负能量，都是极好的故事资源。为了便于搜集，我们将故事分为外源性故事和内生性故事。源自学生生活之外的他人的经验，即外源性故事；源自学生生活之中的鲜活故事，即内生性故事。两类故事搜集方式各异，但都不可或缺，都有其重要作用。

一、外源性故事的搜集

外源性故事沉积着他人的道德经验与价值判断，为学生提供了日常道德生活的参照，有利于促使学生经验重构。可以这样说，我们每一个人的成长都离不开这类故事的滋养。

班主任要保持阅读习惯，用心积累外源性故事，对平时发现的素材进行整理，形成自己的德育资源库。比如，可以在电脑上专门建一个文件夹保存故事素材并整理分类，以便随时提取、选用。

(一)源自书籍、网络等的经典故事

我们从小就听到或阅读过很多经典故事，哪怕是一再重复，也百听不

厌。随着人类社会发展，人们积累了许多能触动学生心灵、有价值引领作用的堪称经典的故事。

通常情况下，班主任可以从正式发行的期刊中搜集故事素材，也可以通过网络途径搜集相关的素材。

《修身班会课教师用书（小学）》和《修身班会课教师用书（中学）》是成都棠湖外国语学校修身班会课成果，里面有近三百个文字类经典故事，每个故事后都附有精当的"引领点"。另外，学校还创建了德育素材库"棠外修身班会课专题网"和修身班会课微信公众号"陪孩子走过一路青春"，这两个平台上有大量与班会相关的理论文献、视频和故事文本等。

当今，可谓是"读图时代"，社会正在从文字这样的传统传播媒介向图片、视频等电子媒介过渡。这不只是人获取信息方式的改变，更是生活方式、思维方式的改变。故事呈现形式也越来越丰富，除了文字，还包括图片、视频等。

图片类故事包括照片、漫画等。在讲述故事的过程中，图片的使用往往有"一图胜千言"的效果。教师在讲述故事时，也可以呈现相关图片，带给学生更深的触动。

视频类故事包括从新闻报道、纪录片、公益广告、影视、电视节目或网络视频（包括自媒体）中选取的故事片段。与图片类故事相比，视频类故事更直观、更具有冲击力，能直达人心。

（二）源自社会生活的热点事件

社会生活中的热点事件生动鲜活，内容贴近生活、贴近学生，既能提高修身班会的吸引力和感染力，又能引导学生关注社会、关注时代。随着网络尤其是移动网络的普及，教师获取社会热点事件素材更快捷，但要善于筛选。

二、内生性故事的搜集

学生当下的生活是德育的起点，学生身边的鲜活案例是德育的源泉。来自学生身边的、真实的故事，更能让他们产生共鸣。由外向内的价值引领与由内向外的道德自主生成本身是一对矛盾，要弱化甚至解决这对矛盾，一种有效的方式是选用贴近德育主体的方式和素材。

珍贵的内生性故事，一旦错过就难以复盘。教师要敏锐地搜集学生日常学习生活中的点滴细节，以备在班会课上使用。值得注意的是，有的班主任往往看到但没有抓拍下来用于修身班会，这也是缺乏敏锐性的表现；还有的班主任只关注或过多关注学生学习方面的情况，这也是不够的，要转变育人观念，关注学生全方面的成长。

内生性故事呈现形式也有多种，包括文字、图片、视频等。

(一)随手抓拍学生精彩瞬间

班主任可以抓拍"担当"履职方面的正向表现，如履职认真、主动创造性做事、长期坚持等；可以抓拍学生在听课、写作业、上自习等方面表现良好的情况；还可以抓拍学生在做操、路队、就寝等班级生活中的亮点。

抓拍画面：创意课表(袁榕蔓老师提供)

以往的课表就是一些汉字，如"语文""数学""英语""体育"等，没有色彩，没有图案，同学们走进教室看着一天满满的课程表，心情自然而然就没那么愉悦了。"课表担当"洞悉大家的心情之后，主动、创造性地组织同学绘制了创意课表。他采取的具体方式是：1.公开招募全班的画画能手；2.每周画一次课表图案，每周一开始就把本周的创意课表画出来。

抓拍画面：二年级3班早读场景(宋冬梅老师提供)

早读课预备铃刚刚响，教室里就传出了琅琅的读书声。原来，"早读担当"正在组织同学有序早读，同学们眼神专注，坐姿、拿书姿势端正。

抓拍画面：修讲台场景(黄小科老师提供)

发现讲台的铁皮翻卷起来会挂住同学的裤子,彭同学和林同学主动补修讲台。第一次用胶带粘,同学提出不美观;第二次用卡纸和胶带,但发现做卫生的时候被拖布浸湿不能防水;第三次改变贴胶带的方向并加固,最终把讲台补修好。

抓拍画面：为人挡阳光的小宇(彭雪梅老师提供)

以前令老师头疼的调皮生小宇,成为"路队担当"和"课间操担当"后发生了巨大的改变,从懒惰逆反变得有担当、有责任。

一次操场集会,六月的太阳火辣辣的,小宇穿着红马褂带领全班整齐地站着。突然,小宇悄悄挪动了身体,用他高大的身躯帮身后的矮个子同学挡住了刺眼的阳光。有教师敏锐地捕捉到了这一感人的瞬间。

(二)留心搜录其他师长评价

班主任想全方位地了解学生的在校表现,就需要联合任课教师、生活教师等形成合力。班主任可以跟各任课教师或其他教师进行面对面的沟通、交流,也可以通过短信、电话、微信等形式及时获得信息,发动他们及时反馈有价值的素材。这类素材可能是微信、短信的截图,也可能是宿舍联系本的照片等。

案例：等待中考报名时的场景(作者提供)

有一天,我正在开会,陈守蓉老师给我发来一张照片。照片中,孩子们有的在看书,有的在记单词,但没有人吵闹,也没有人闲聊。会后,我回到班上了解了详细情况。原来,孩子们是在排队等待中考报名拍照,害怕影响旁边老师和同学们的正常工作、学习,在智囊团同学的组织下,他们排队安静有序,还利用空闲完成了一些学习任务。

(三)悉心获取学生同辈反馈

同辈群体因在年龄、兴趣爱好和价值观上具有更多的相似性,其评价的影响是巨大的。另外,学生观察得更细致。如果能从学生中获取评价反馈,班主任对班级的指导和引领将更具有针对性。班主任可以从担当总结中捕捉,也可以从周记、日记、大作文中了解,还可以在与学生个别交流中听取同辈评价反馈。

(四)敏锐留存家校交流细节

班主任还可以发动家长将孩子在家的言行表现，尤其是良好的言行表现，及时用文字、照片、视频等形式进行反馈，然后在修身班会上放大、强化及引领，这往往会起到意想不到的教育效果。

案例：暑假扶起共享单车的朱同学(徐兰老师提供)

有一天，我和朱同学的妈妈微信交流时，发现了一个动人的故事：时值炎热的八月，晚饭后的休息时间，朱同学没有玩游戏、刷抖音，而是去扶正街上偏倒的共享单车。他白天在家完成暑假作业，利用一天中唯一的休息时间做公益，把家附近所有倒了的自行车扶起来、摆整齐，一坚持就是大半个暑假。他跟妈妈说："这样长期坚持下去，既做了好事，又锻炼了身体，一举两得。"朱同学的行动也带动了他身边的人——他的父亲、他家的邻居。

经朱同学妈妈同意后，我把我俩的微信对话截屏保留，并在开学后的修身班会上与同学分享，表扬朱同学懂得规划时间且热心公益。这起到了良好的教育效果。

案例：一把拖把的修复(周婷老师提供)

几位大队委同学在借用班级工具去打扫大队部教室的过程中，弄坏了班级的拖把。小佘同学主动提出他来负责修理。由于学校工具不全，他决定把拖把带回家修理。回家后，他找来了工具，来回摆弄，研究了一两个小时，最后在爸爸的指导下完成了拖把的修复工作。在整个过程中，爸爸负责指导，妈妈负责与我这个班主任联系，交流孩子主动承担起修理任务的点点滴滴，我通过和妈妈的聊天及时记录下了孩子的成长历程。

第三节　教育主题的确立与故事选用

主题是班会的灵魂，鲜明、聚焦的教育主题是一堂班会成功的必要条件。明确教育主题是有效实施修身班会的一大前提。确立教育主题后，班主任必须选择适切的故事素材。故事素材是丰富多样的，但故事素材必须与教育主题融为一体才会产生鲜活的生命力。

教育主题可分为共性主题和班级个性主题。共性主题是基于学生成长阶段的共性特征而确立的，比如小学低段的有序整理，小学中段的学会倾听，小学高段的人际交往，初中阶段的青春期异性交往、时间管理、手机管理等，高中阶段的生涯规划、异性交往、责任担当等。班级个性主题是基于班级近期现状而确立的。要注意的是，可以对一个主题进行多层次的挖掘，可以以新颖的、吸引人的方式呈现同一主题。

一、教育主题确立与故事选用的基本原则

(一)与学生的成长和心理发展阶段共性契合

修身班会教育主题与故事选用要依据学生在知识学习、品格形成、心理发展中存在的共性问题来确立。

不同年龄段学生有不同的心理特征。以青春期为例，青少年往往会面临以下几对矛盾：心理上的成人感与半成熟现状之间的矛盾；心理断乳与希望在精神上得到父母的支持和保护的矛盾；心理闭锁与需要理解、交流的矛盾；要求独立自主与依赖之间的矛盾；自以为是与常常出现自卑感之间的矛盾。这就是该阶段的共性，教师应当抓住这些共性问题，确立如"有话好好说""做情绪的主人""你懂妈妈的唠叨吗""和没有理想的人一起，他会偷走你的理想"等主题。

当然，不同学习阶段也有阶段共性。比如，开学初期、考试前后等时期还可以确立"目标成就人生""考一次，成长一点"等阶段共性主题。

另外，教师不能只站在教育者的角度，而应当抓住学生关切的问题，从他们喜欢的、易于接受的话题中捕捉有利于他们成长的教育点作为主题，从而选用适合的故事。比如："我们也追星""不比阔气比志气""什么是真正的美""别让游戏'游戏'你的人生"等。

(二)与班级现状契合

对于具体的一堂修身班会而言，教育主题的确立与故事选用一定是针对班级学生近况的。即使是同一个学段、同一个年级，班级的现状也是不一样的。因此，教育主题还应当根据本班级近期出现的行为表现来确立小主题。

比如：班级最近出现就餐浪费，可以确立"不浪费是一种美德"的教育主题；班级出现起绰号现象，可以确立"你希望别人怎么称呼你"的教育主题；班级出现自习课纪律比较混乱，可以确立"无须监督，做最好的自己"的教育主题；班级里有同学沉迷网络小说，可以确立"阅读要有选择"的教育主题；班级出现使用不良网络用语现象，可以确立"在网络世界里，健康行走"的教育主题。

二、如何确立修身班会教育主题

(一)共性主题的确立

发展共性的修身班会主要是针对学生在该学段存在的共性问题展开教育，主要目标是通过围绕一个共性主题内容开展修身班会，增强学生的是非观和行为自觉性，激发他们的上进心和行动力，以实现对学生价值观的引领，以及行为习惯的正确导向。班主任应遵循不同学段学生的思想行为特点和价值引领需要，确立本学段不同年级、不同学年、不同学期的共性主题。

以小学一年级共性主题确立为例：

【小学一年级教育重点】适应新环境，喜欢学校生活。

学生上一年级后，面对新的环境、新的老师和同学，学习和生活发生了很大的变化。尤其是在寄宿制学校，学生的生活适应问题显得更为突出。因此，让孩子们尽快适应新的环境、喜爱学校生活成为一年级的主要任务。

【主题方向】一、适应新环境；二、学会一些生活技能；三、喜欢老师、同学。

【参考主题】

1. 走进新学校	2. 认识老师和同学	3. 宝贝别哭
4. 妈妈，我长大了	5. 我是少先队员了！	6. 我有新朋友了
7. 文明就餐	8. 我们的路队真整齐	9. 我会规范写字
10. 坐姿端正我能行	11. 我是自理小明星	12. 我会给书本排队
13. 劳动最光荣	14. 水宝宝的提醒	15. 勤于锻炼身体棒
16. 我是班级小主人	17. 懂文明，讲礼仪	18. 我有一双灵耳朵
19. 我有一双亮眼睛	20. 我有一双巧巧手	

以初二共性主题确立为例:

【初二上学期教育重点】调控不良情绪,平稳度过青春期。

初二上学期,大部分学生进入青春期,这是性格形成和自我独立意识增强的时期。为了突出自我的独立性和存在价值,学生往往表现出对家长及教师教育的抵触、反抗和对立,常通过否定权威和标新立异求得自我肯定,他们内心深处经常会出现各种矛盾的情感体验,身体及心理变化大为不同,发展趋势呈跳跃式,是人生的"危险期"。如何让这个"事故多发阶段"平稳度过,成为八年级班主任的重要任务。

【主题方向】一、青春逆反;二、异性交往;三、尊重他人;四、学会拒绝。

【参考主题】

关于"青春逆反"

1. 阳光更加灿烂,直面逆反青春

2. 优秀的孩子未必逆反

3. 青春不烦恼

4. 拨开青春的迷雾

5. 拥有阳光心态,让青春不逆反

关于"异性交往"

1. 别让青春闪了腰

2. 你对他(她)了解多少

3. 悄悄话大声说出来

4. 让成长的天空永远纯净

5. 带刺的玫瑰静悄悄地开

6. 中学生谈恋爱到底好不好

7. 早开的花儿不结果

……

(二)个性主题的确立

同一个学段,甚至同一个年级,具体到某个班的具体情况是各不相同的,往往会表现出不同的班级个性,而班级个性往往是班主任容易忽略的。

例如，"青春期异性交往的引导"是初二年级的共性教育主题，但具体到每所学校、每个班级、某一堂班会课，符合班级个性的教育主题又是各不相同的。

1. 基于班级学生的近况

班主任通过观察本班学生近期表现，从学生实际出发，从"急、重、深"三个方面捕捉适当的教育主题。

"急"是指班级当前急需解决的问题。如：学生大面积不交作业，起绰号成风，多个科任教师反映课堂纪律糟糕，上课传纸条现象严重，异性交往过密现象突出，因追逐打闹引发的安全事故频发，周末组队上网成风，抄作业现象严重，很多学生不经允许拿他人东西，等等。

"重"是指班级学生当前发生的重大事情。这包括两个方面：一方面是严重的违纪行为，比如打架、带违禁物品来校等；另一方面是重大的正向事件，也是教师容易忽略的方面，比如个人或班级在某一方面有重大突破，对班级有重大影响的正向事件，等等。

"深"是指对学生终身发展有深远影响的主题，这是由班主任确立的，与班主任的学识储备、格局视野、教育情怀息息相关。如"目标成就人生""为他人着想乃一等学问""要分数更要能力""人格健康，人生才快乐""礼仪是一种才干""文明其精神，野蛮其体魄"等。

2. 基于担当总结的现场呈现

担当总结环节会呈现出班级近期多方面的情况，班主任应在倾听学生总结的过程中迅速捕捉一个恰当的小主题。对于年轻班主任来说，现场捕捉教育点的难度较大，可留心近期班级出现的情况，提前预设并准备相应的故事。

案例：（作者本人提供）

真正的贵气是一种责任

【担当总结】

（一）常规总结

主持人：大家下午好，我是今天修身班会的主持人，请操行分记录员拿出操行分记录本，同学拿出摘抄本先进行常规总结。

男生楼长：有人反映说某某寝室熄灯后有声音，经调查是王同学用以治疗眼睛的仪器发出的声音，以后请遇到这种情况主动和老师沟通，因为老师要照顾那么多的人，有时无法注意到每一个人，谢谢大家！

女生楼长：女生寝室最近表现都可以，今天做大扫除时，所有同学都很认真细致地完成了任务。这里主要说一下中午回寝室后的时间分配问题。

"教室担当"：教室表现一切正常，在这里我表扬四个女生。我们在返校的时候需要完成两个任务，一是上交社会实践的捐款，二是收安全须知回执单。刚返校的时候有四个女生敏锐地发现这些都需要及时做，没有人提醒她们，她们就做了。在这里给她们每人加5分。

主持人：大家的发言让我想起了上午看到的一句话——我们每个人都是一个观察家。我觉得我们班每个人都能发现每个人做的事情还能表达出来，这是我们班同学一个很大的优点。下面是"安全担当"们进行介绍。

"教室安全担当"：关于教室安全，我想说一下，上个星期有三个男生在教室里面推搡，但是在私下已经处理好，这里不点名，希望大家以后注意。

"阳台安全担当"：一切正常。

"走廊安全担当"：一切正常。

（二）自由发言

学生：作为英语课代表，半期临近，我想和大家分享一下英语复习的方法。第一，梳理书上的重难点；第二，把练习册、卷子中做错的题目或者当时比较犹豫的题目拿出来看；第三，抓紧时间复习。

学生：说一下昨天去蒙顶山的事，有两位同学在大家累了的时候主动把大家的书包都拿过来抬着，没有任何的怨言，建议每人加3分。

主持人：我们班的男生现在是越来越勤快和主动了，请下一位同学发言。

学生：我想表扬孙老师，昨天去蒙顶山的时候我有点高原反应，她一直陪着我，还给我食物补充体力，还有孙同学也一直陪着我，我想给他加两分，给孙老师热烈的掌声。

教师介入：他表扬我，我表扬下他，昨天他和孙同学坐的是 8 号车，我们大部分都是坐的 12 号车，还是有点担心他们脱离我们的大队伍。每一次清点上车人数，要出发的时候他都主动发短信给我，每次都是我正在担心的时候就收到了短信，这让我很放心。

学生：我成了新的操行分记录员，由于我记录了自己的操行分，我再协调一下。

学生：我说一下运动会的事情，王同学和李同学买了三箱水扛到保安室，本来是该我们搬水，结果他们比我们到得早，便去搬水了，我建议给他们每人加 5 分。

学生：说三件事表扬 5 个人。第一，表扬吴同学和刘同学。在 4×100 米的时候，马上就要交广播稿，他们便拿便利贴给每个人发了一张，让我们积极投稿。第二，表扬徐同学和彭同学。运动会第二天下了点雨，他们居然把抹布带在身边，为大家抹看台。第三，表扬孙同学。在运动会要结束的时候，他从书包里拿出垃圾袋，让我们把垃圾装到里面。我想说的是，没有人提醒他们做这些，他们却有这样的主动性和敏锐性，请大家为他们鼓掌。

主持人：大家说得很好，我已经没有什么可以补充的了。我想要表扬刚才发言的这位同学，他也有很强的敏锐性，他也在吸收大家的这些优点。

学生：关于修身树，我要说三件事。第一，提醒还有一些未交原稿的同学，他们是冯同学和唐同学。请下课时把原稿交过来。第二，表扬主动来帮忙的人，首先张同学和林同学主动把修身树叶贴到修身树上，贴得非常好，给他们加 2 分。其次是鲁同学和苏同学，他们主要是统计和发修身树，由于工作量较大，建议给他们每人加 5 分。第三，上周我们举办了运动会，昨天我们组织了春游，有很多主动创造性做事的人，请大家回去再想一想，我们还会准备修身树叶来美化我们的修身树。

……

【教师评价】

我最喜欢每次活动后面的总结中，每次都有感动的故事，好在我有预见性，布置了一个摄影大赛，下次修身班会课就让大家带着摄影作品来讲我们的社会实践和运动会。

今天在你们的总结中，我发现有几个词频繁出现：敏锐、主动、到位。我的脑海里就浮现一个令人惊叹的故事……

第四节　故事的讲述策略

故事讲述是指，在对担当总结进行评价以后，班主任根据现场总结所呈现的亮点或班级近期出现的问题，捕捉并确立一个德育小主题，针对这个小主题选择适当的故事展开富有感染力的讲述活动。班主任要认识到，找到了好的故事素材不一定就能实现有效的故事讲述。故事法绝不止于寻找好的故事素材，还要追求能够动心导行的讲述方式。修身班会的故事讲述应当是班主任对故事内化后饱含情感、富有技巧、卓有成效的德育叙事活动，它需要做好讲述的准备工作。

一、故事讲述的前期准备

修身班会的故事讲述是由内而外的融情析理讲述，是师生之间以情载理的交互活动，也是一种教学活动。当走上修身班会讲台时，班主任不应只持有故事素材，而应持内化后的"讲述文本"。班主任对故事的内化，是在备"故事讲述"，是依据故事素材形成"讲述文本"的过程。这是修身班会课程实施中相对容易准备的环节，可以从以下两部分着手。

(一)内化故事情节，找准共情点

故事之所以感动、感化人，是因为故事的情境性和情节性。真实鲜活的故事情境让学生身临其境，有血有肉的故事情节让学生感同身受。然而，修身班会的故事讲述不是故事情节的简单呈现和转述，而应是一种深度的、有效的教育活动。它像演员饰演一个角色一样，演员必须深入角色，内化角色，让自身处于忘却自我的状态下诠释角色。也就是说，每一位教师的教育都只有在感动自己的前提之下才能感动学生、激发学生，才能实现德育目标的达成。所以，在讲述故事之前，教师应当内化故事的情境和情节，紧扣对学生的教育引导和价值引领。

班主任对故事情感的内化建立在对故事情境、情节十分熟悉的基础上。熟悉情境，应思考如何将情境营造得更鲜活；熟悉情节，要找出故事中最能与学生共情的情节，思考如何通过渲染增强故事讲述的"共情性"。

（二）整理讲述逻辑，做好渲染准备

不同的逻辑讲述会影响德育目标达成的效果。

1. 合理调整讲述结构

故事讲述是否精彩，不仅取决于故事本身，也取决于如何合理调整讲述结构。班主任可以通过对故事结构进行调整、加工来凸显主题，还可以通过适当勾联学生实际、增加设问悬念等方式吸引学生、启发思考。

2. 适当改动故事情节

班主任可以根据学生身心特点和班会的主题，对故事情节进行适当增删或改动，对故事细节进行挖掘，对关键情节着力渲染，让关键情节与主题契合，去除细枝末节，以增强故事讲述的感染力和有效性。

3. 确定好点题时机

班主任可以以格言式的语句表达每堂班会课的小主题，并在适当的时机点题板书。修身班会与当下主题班会不同，它的教育主题是在故事讲述过程中，在学生感动、感触、感悟等时机中自然生成的，而不是某个人在班会课一开始就决定的。

4. 增加铺垫

铺垫是为主要人物的出场或主要事件的发生创造条件而着重进行渲染、衬托的一种表现手法。在讲述前，班主任可以对故事发生的背景、主人公身世或关键情节做铺垫，引发学生对故事的认同。

二、故事讲述的常用策略

苏霍姆林斯基说："假若在语言旁边没有艺术的话，无论什么样的道德训诫也不能在年轻人的心灵里培养出良好的高尚情感来。"修身班会的故事讲述环节不是简单的故事会，也不是一味地追求激发学生兴趣，其关键是引起情感感染，感染产生感触，感触才能明理。讲述如果无法感染学生，学生缺失情感体验，那么就直接影响故事法的效果。

（一）声情并茂，富有感染力

道德内生于感染、感动，而不是传授来的。感性的叙事方式，是一种充分运用感性语言和多种感官刺激，有效唤醒人的真实感受、激发人的情感体验和引起人的情感迁移的叙事形式。除了故事感人外，讲述故事者语言的感染力也是影响故事讲述效果的一个重要指标。班主任的语言艺术在故事法中主要体现在口头语言和态势语言（又称为体态语言或人体语言）两个方面。

1. 口头语言饱含真实情感

如果对情感教育目标关注不够，讲故事时平铺直叙，没有起伏和节奏的变化，就会变成没有感情的"读故事"，让人听之无味。讲述故事的过程中，教师的口头语言应随着故事内容和情节的发展，调整语音轻重、语调高低、语速快慢，抑扬顿挫地融入教师的真实情感。

2. 合理运用态势语言

态势语言在人与人的交流过程中非常重要。良好的态势语言可以使人在很短的时间内以自身形象获取对方的信任，推动口语交际的展开，促进师生双方建立和谐融洽的关系，这点对于德育工作尤其重要。所以，班主任有时在课堂上其实不只是"讲故事"，还应是"演故事"。

态势语言可分为三种类型：表情、姿态和目光。表情变化可以传递情节的起伏。用手、脚、腿和头等做动作可以吸引学生注意力。眼神接触是与其他人联系的、最重要的非语言方式之一，不仅有助于保持学生的注意力，而且还传达了一种自信和真实的感觉。

总之，在故事讲述中，一种表情、一种姿态、一个眼神、一个微笑都会产生意想不到的效果，这就是态势语言的力量。但需要强调的是，态势语言不是做出来的，它应当是有感而发的结果。

（二）设问引思，具有启发性

叙事德育过程不是单一的道德"接受"的教育过程，而是通过道德故事的启发、启迪，以引导学生道德感悟、辨析明理和进行品德自我建构的过程。

教师在故事讲述中不单单是内化后富有情感的讲，不单单是语言艺术丰富的述，更应注重在吸引学生注意力的前提下，恰当设置有启发性的问题，引导学生积极思考。这既是故事讲述的重点，也是难点。

(三)设置悬念推进故事，使故事充满吸引力

设置悬念是在文章的某一部分设置一个疑问或矛盾冲突，以造成读者某种急切期待和关心的心理的一种写法。讲故事也是如此，悬念可造成期待、关切的叙事氛围。教师在讲述过程中，设置恰当的悬念可以吸引注意、引发思考。

俄亚大村距木里县城约 298 千米，是木里县独具特色的纳西民族文化村落，族长也已经年迈，要从村民中选出一人接班。村里有两个年轻人呼声最高，分别是达娃和普布，两人都威武英俊，才智双全。

这天，一群外地游客到村里观光，他们被村里的诗文、绘画、雕塑、乐舞艺术震撼住了，流连其间。直到夕阳西下，才想起要回城里。普布遵照老族长的安排，小心翼翼地送那些游客返回城里。与外界相连的是一座小桥。小桥年久失修，为保持远古气息，一直保持着原貌，人走上去，摇摇晃晃，很是惊险。

游客中，有个胖乎乎的男人，自恃胆大。走到桥心时，他扭着身子，使劲地摇晃。桥剧烈摇晃，游客们都脚步踉跄，很多女游客发出了尖叫声，那男人见此情景，越发得意，晃得更起劲了。只听到维系桥身的绳吱吱地响着，突然轰隆一声，桥倾塌下来，许多人落水。普布也落入水中，他临危不乱，一边抢救落水的游客，一边请那些水性好的帮忙救人，还让上岸的游客去岛上喊人来施救。经过一番劳碌，游客都被救起。老族长匆匆赶来，看到众人无恙，松了口气。

经过这次事件，村民们都认为，在危急时刻，普布勇敢无畏，组织有方，这次新族长非他莫属了，普布心里也是这样想。

几个月后，老族长卸任，可他推荐的新族长却是达娃。

面对普布的委屈和众人的不解，老族长缓缓说道："上次游客遇险，普布的确表现良好。达娃甚至没有出现在救人的队伍。可他为什么却当选了呢？关于桥需要修缮，达娃在今年就向我提了三四次，他经过勘

察，认为桥到了非修不可的时候了。可每次都被我否定了，我怕因为修桥，影响了游客来观光。就在事发的前一天，达娃又向我提出修桥的建议，我仍然没有同意，我们因此吵了一架，他愤而离开了村子。"

普布打断了老族长的话："他这样不听调遣，独断专行，能做好族长吗?"老族长笑着说："他不听话，是因为有自己的主张，而那主张恰恰是正确的。试想，假如我当时听他的，就不会有这次危险，你说，这样会不会更好?"

村民们都明白了，老族长看中的是达娃对事情的预判能力以及对岛上事情的责任心，而不是普布出事后表现的勇敢。

是呀，对事情的预判，看起来平凡，还有些无事生非，让人生厌。但是可以避免很多的损失，这比那些出了问题再去冲锋陷阵的英勇之举更为可贵。

(四)适当勾联，增强关注度

道德学习不同于一般的知识学习，它强调回到自身的反思与体悟，强调自我发展。从心理学上来说，人天生会对自己熟悉或者跟自己有关的事情重点关注。因此，修身班会的故事讲述不只是围绕故事素材本身的德育主题呈现，而是不断地通过与学生实际勾联，增强关注度，引发学生的自我反思。

如何勾联学生实际呢? 在讲述过程中，班主任可以勾联某个同学的例子，可以勾联班上某些同学的表现，可以勾联学生家长和科任教师的反馈，可以勾联同辈群体的评价，还可以勾联学生关注的话题。

(五)交流互动，提高有效性

故事的讲述绝不是教师的单边行为。在讲述故事的过程中，班主任可以采用交流讨论、角色模拟、辩论等互动方式，提高故事法的有效性。

第五章 故事引领的策略

故事引领是修身班会的第四个流程。故事法的实施包括故事讲述和故事引领两个部分。故事引领能启发学生对故事内涵的思考，能将故事情境与自身生活相联系，进行价值判断、选择或实现经验重构。故事引领与故事讲述科学的结合，能有效到达明理、导行的作用，但故事引领往往是教师最不易操作的一个环节。本章将介绍几种常用的故事引领的途径与方法。

第一节 故事引领的教育功能

一、明理功能

遴选的故事因其蕴含深刻的道德知识和价值观念而具有德育的价值，但其深刻的意义和道理若没有被以学生能理解的形式说出，它始终是以潜在、隐形、暗示的方式存在于故事之中。通过故事引领，解析故事中"理"的内涵，提升对"理"的感受程度和思考程度，使学生对"事"中所含意义形成明确的意识，这就是故事引领的明理功能。

【案例】《抗干扰、抵诱惑》（孙晓晖老师提供）

【故事讲述】：给大家讲一个"土拨鼠去哪儿了"的故事。有三只猎狗追赶一只土拨鼠，土拨鼠钻进树洞里。树洞只有一个出口。这时从树洞里飞快地跑出一只兔子，兔子看见猎狗，赶紧爬上了树，仓惶中没有站稳，掉下来砸晕了三只猎狗。

教师："故事有什么问题？"（首先通过设问，为引领主题做铺垫）

大部分学生会关注到"兔子不会爬树""兔子不可能一下子砸晕三只

猎狗""土拨鼠为什么不钻土里"等逻辑性问题上。

教师：在这一个简短场景里发生的事，大家很容易忽略最重要的一个问题——土拨鼠去哪儿了？其实，这不是在考验你反应是否快、思维是否发散，而是关注你是否还记得最初的目标。（学生的已有认知不能触及故事的"理"，需要教师引领解析）

教师："故事里的兔子好比是什么？"（再次设问启发思考，促使学生自我感悟故事的"理"）

教师：举生活中"被干扰"的具体实例，让学生辨析实例中什么好比是"兔子"，什么好比是"土拨鼠"。（将故事情境勾联学生的生活情境）

【情境模拟引领学生思考如何应对干扰】

情境一：学习时，容易被桌面上的哪些东西干扰？桌脚边堆书，桌面上放了笔盒、书、试卷袋、便利贴、水杯，拿作业本碰倒了水杯，捡水杯踢翻了脚边的书，怎么办？

情境二：正在写作业时，好朋友邀你一起去厕所，怎么办？

通过与学生实际生活相勾联的情境模拟，引领学生学会应对当下的、常见的、琐碎的干扰。今后，大家可能会面对更大的干扰，那时又该怎么办？在学生的好奇中，再以下面的故事来引领。

【故事讲述】有一个大公司招收一名司机，层层筛选后剩下三名车技较好的竞争者。主考官问他们："在悬崖边有一块黄金，你们三个人开车去拿，你们觉得多远的距离可以拿到金子而不掉下悬崖？"

第一位司机："我在两公尺处停下来，可以拿到。"

第二位很有把握地说："我可以在悬崖边的半公尺拿到金子。"

第三位说："我会尽量远离悬崖，越远越好。"

【教师点拨学生感悟】面对诱惑时，不要和诱惑抗争，远离诱惑才能不被诱惑。

【案例解析】《土拨鼠去哪儿了》这则故事简短且趣味性强，但蕴含的哲理也很内隐。故事引领的过程就好比是在抽丝剥茧，搭建不同形式的支架逐层抽丝，引领学生自主分析、自我感悟，明晰藏在故事中的"理"。案例中，教师在引领时总共搭建了三个支架：第一，问"故事有什么问题"，这个问题的巧妙之处在于直接指向主题"抗干扰"。先让学生融入故事情境中犯被干扰的错，然后当教师引领到"是否还记得最初的目标""故事里的兔子好比是什么？"时，学生才豁然开朗，意识到自己被故事中的兔子干扰了。第二，举学生身边的实例让学生进一步认识到真实、具体的干扰。故事引领到这里，学生既能明白故事中隐喻的干扰，还能明确生活中的干扰。但明白生活中有哪些干扰并不是引领的最后一步，还应引领学生正确应对干扰。第三，通过情境模拟、叠加第二则故事，引领学生寻找面对干扰以及诱惑时的正确对策。

二、导行功能

内化于心是为了外化于行，外化于行是故事法实施的"最后一公里"。故事引领通过对良好习惯养成方法的指引、榜样举例等方式引发共鸣，激发学生参与动机，产生效仿倾向，促使道德行为的发生。选择与故事中传递意义相关的某个（些）学生来表扬，不仅能对受夸赞者进行正向强化，还能为同辈群体提供具有促进其发展意义的新经验，促使行动现实化，这就是故事引领的导行功能。

【案例】《你有没有一颗郑重的心》

【故事讲述】我在乡下中学教书的时候，有两个学生给我留下的印象很深刻。

第一个学生是名男生，黑瘦的脸，小平头，不爱说话。别的男孩都像一团风，只有他，事事都能做得妥妥帖帖。我把副班长的位置交给他，他确实干得有声有色，因为他永远都把工作捧在手心里，就像捧着枚脆薄的鸟蛋，生怕用劲大了，磕了，用劲用错了，摔了。

第二个学生是名女生，长得很漂亮，人缘也好，今天和这几个人一起做作业，明天和那几个人一起跳皮筋。她平时没见多用功，但学业也不错。就有一点不好，干什么事都吊儿郎当的，总能找到一百条借口往后拖。

有一次，我给两个人同时布置任务：每个人交两篇作文，我要拿去代表学校参加省级学生作文竞赛。男生很准时地交上来，用那种白报本，在页面上按 3∶2 的分界画了一道竖线，左边是作文，右边是空白，随时备我批注。很干净，很漂亮。

而最后时限都过去两天了，女生才把作文交到我手上，是那种潦潦草草的急就章，上顶天下立地，跟下斜雨似的，遍纸泥泞，别说我批改了，连加个字的地方都没有。我的脸黑了："这几天干吗了？"她红了脸说："她们找我玩……"我无力地挥挥手。人生一世，长长的几十年，人际关系像既长且乱的海藻，准有把你拖缠得拔不出腿、脱不开身的一天，你的生命中，有多少天够这么挥霍的？

15 年后，一群学生来看我，男生也来了，他在事业上卓有成就，沉稳细致的作风一直没变，风度俨然。女生没来，正忙着搬家。她因工作业绩不佳而被调离，甚至到了被解聘的边缘。

两种态度，两种人生。

【设问启发，引导学生思考故事情境中男生如何郑重】

师：男生做事的态度是怎么样的？

生：把工作捧在手心里，战战兢兢的。

师：男生为什么要战战兢兢？

生：生怕做不好。

生：为了做好每件小事。

生：长期地认真做事。

师：由于生怕做不好，他会把每件小事都做好，不仅把每件小事都做好，他还长期地做好每件小事，一年、两年、三年……读书时、工作时，他一直都长期地做好每件事。

师：女生做事则是晃晃悠悠，什么是晃晃悠悠？

生：什么都不太在乎。

生：不够重视。

生：没有定力。

生：对每件小事都不坚持。

【勾联学生实际】像不像你的日常？勾联学生的书写、背诵、整理错题、打扫卫生等日常小事；勾联学生没有定力的具体实例。

师：对待做事，一个战战兢兢，一个晃晃悠悠。短期看，两人没有多大差距，长期看，差距就会越来越大。

【结合故事情境中的正反对比，找出郑重的反面，进而更深刻地认识"怎样才算郑重"。通过以上析理的过程，学生对郑重的认知有了，但在实际生活中该如何郑重？具体该如何去做？可以有哪些具体行为发生的引领？这就需要利用故事引领的导行功能了。教师通过榜样举例和布置观察任务为导行搭建支架。】

勾联把小事做好的学生事例。如英语书写、课前准备、整理讲桌……

勾联把每件事都做好的事例。如大事、小事，室长让他做的事，班主任让他做的事，任课老师让他做的事……

勾联长期做好每件事的事例。初中三年，每天离开教室都关灯的同学；三年来，每天及时上交晨检表的同学……

接下来，大家也去观察，你身边还有哪些郑重地做事的同学，在下一次班会课上分享。

【案例解析】这个故事的"理"在故事讲述中就已外显出来了，两位做事态度截然不同的同龄人，人生轨迹也有强烈的反差。学生能从中感悟到：做事要郑重！但怎样才算郑重？在实际生活中该如何郑重？这对于学生来说是比较空泛的，故事引领就应着重围绕这两点来设计。首先，通过解析故事情境中男同学郑重做事的具体表现，然后通过榜样举例激发学生的参与动机，产生效仿的冲动，促使行动现实化。

第二节　故事引领的途径与策略

故事讲述和引领是故事法的两个部分，它们不是界限分明的，而是水乳交融的。因故事自身价值的属性不同，故事引领就要采取不同的途径。有的适合在讲述过程中边讲边引，有的适合讲述完毕以后再引领，有的适合用故事组递进式引领。

一、故事引领的途径

一堂修身班会 40 分钟，用于故事讲述和引领的时间是 20 分钟左右，要在这么短的时间里使学生感动、感悟、明理、导行，那教师在课前必须精心准备。教师在课前遴选好与最近教育主题相关的故事以后，要深刻解析故事，确立故事的引领点，设置好问题，处理好故事情境与现实生活的勾联，收集导行素材，选择导行方法，将这些问题梳理清楚以后，就可以选择合适的引领途径了。

(一)讲完再引

适合讲完再引的故事通常有两种情形。一种是故事简短，可能是道理浅显，也可能是道理内隐；另一种是故事较长但情节很紧凑，需要一气呵成地讲完。如前面的《土拨鼠去哪儿了》《你有没有一颗郑重的心》都采用的是讲完再引。小学低段的故事引领多采用这种途径。

(二)边讲边引

适合边讲边引的故事可能是蕴含的引领点比较多、层次比较丰富，也可能是故事情节较复杂。学生由于认知水平不同，可能对同一个故事的感受就会不同、关注点也不同。针对这些情形可采用边讲边提问边互动来进行引领。

【案例】《只是听话就够了吗》

【故事讲述】两个同龄的年轻人同时受雇于一家店铺，并且拿同样的薪水。可是后来叫小杰的小伙子青云直上，而叫小实的小伙子却仍在原地踏步。小实非常不满意老板的不公正对待。终于有一天他到老板那儿发牢骚了。老板一边耐心地听着他抱怨，一边在心里盘算着怎样向他解释清楚他和小杰之间的差别。

"小实先生，"老板开口说话了，"您到集市上去一下，看看今天早晨集市上有什么卖的。"

小实从集市上回来后向老板汇报："今早集市上只有一个农民拉了一车土豆在卖。"

"有多少?"老板问。

小实赶快戴上帽子又跑到集市上，然后回来告诉老板一共有 40 袋土豆。

"价格是多少？"老板追问。

小实又再次跑到集市上问了价钱。

【提问设悬互动：小实一直遵从老板的安排，是个很听话的员工，他没有被提拔，会不会就是老板不公正呢？】

老板对他说："现在请您坐到这把椅子上一句话也不要说，看看别人怎么做。"

老板让人叫来了小杰，也叫他去集市上看看有什么卖的。

【设问勾联，引发关注：做同一件事，小杰会有什么不同呢？如果是你，你会怎么做呢？】

小杰很快从集市上回来了，并汇报说："到现在为止只有一个农民在卖土豆，一共 40 口袋，价格是……；土豆的质量很不错，我带回来一个让老板看看。这个农民一个钟头以后还会弄来几箱西红柿，估计价格非常公道。昨天我们铺子的西红柿卖得很快，库存已经不多了。我想这么便宜的西红柿老板肯定会要进一些的，所以我带了一个西红柿做样品，而且把那个农民也带来了，他现在正在外面等回话呢。"

此时，老板转向了小实说："现在您肯定知道为什么小杰的薪水比您高了吧！"

【提问一，推进对主题的引领：同样一件事，小实为什么要跑三趟？】

【提问二，再次推进对主题的引领】小杰对西红柿的处理，一共思考了几个问题？做了几个决定？

【提问三，启发学生的深层次思考，促使自主理解、感悟，重构经验：小实和小杰巨大差别的根源是什么？】

【教师引领】是思维方式。小实是被动型，他不主动思考，不主动预判，不积极变通；小杰是主动型：主动观察，主动预判，主动想办法解决问题。意识决定行为，行为影响结果。被动办不好事，成不了事，很难成功，小实是被动思维的典型。主动、创造性做事不仅容易把事好，还常常把事办得很漂亮，给人留下好印象，让人产生信赖感，如此良性循环，机会增多，回报增多，往往容易成功，小杰就是主动、创造性做事的典型。

【激发效仿动机】你想成为哪种类型的人？

【勾联学生实际，榜样举例导行】主动、创造性地做事可以让你迅速在一个群体中与众不同。其实，我们班上就有小杰这样主动、创造性做事的人。张同学和李同学两位同学今天上午到我办公室借电话一用。下午，有水电工打电话问是哪个办公室饮水机报修。我很奇怪，因为我们办公室的饮水机没坏，一问，才知道是隔壁教务处大办公室的饮水机坏了，两位同学偶然听到老师对话得知情况，就主动帮忙打电话报修，这就是主动：没人提醒，没人分配任务。更可贵的是，他们俩自己不会修饮水机，怎么办？打电话。没电话，怎么办？借班主任的电话。这是想办法解决问题，已经有创造性做事的特征了。不要小看这个行为，它表明两位同学具有主动思维。思维支配行为，这样的思维、行为形成习惯以后，就构成了你的形象，演变成你的能力。

【效果反馈】学生在教师举例表扬主动做事的学生后受到启发，这样表扬他的同学：我想表扬一下蒋同学，由于是新学期开学，很多同学把国学教材忘在家里，作为"国学担当"的他主动去找国学老师安排在中午完成国学诵读的任务。

……

【案例解析】这是个引领学生主动、创造性地做事的经典故事，适合在小学高段，尤其是初中起始年级讲述引领。讲述过程中，教师设置了两个问题：一是"小实一直遵从老板的安排，是个很听话的员工，他没有被提拔，会不会就是老板不公正呢？"。紧扣故事情节提问，既可以吸引学生，还能为引领主题做铺垫。二是"做同一件事，小杰会有什么不同呢？如果是你，你会怎么做呢？"将故事情节与学生自身勾联，引发学生关注，激发学生的参与度，创设学生用已有经验解决问题的体验。

讲述完故事以后，先以三个层次的问题不断推进，引领学生的价值反思，进行深沉的叙事对话；再通过教师启发和析理，引发学生情感共鸣，引起情感迁移，产生共情效应，促使经验重构；最后，通过主体联结和榜样举例为行为引导，促使学生把重构的经验转为外在的行为表现。

(三)"故事组"递进式引领

故事引领还有一种有效的途径，即"故事组"递进式引领。用"故事组"层层推进，逐步引领，促使学生情感触动、经验重构，从而实现行动现实化。

二、故事引领的常用策略

(一)用故事情境引发共情

有些故事本身具有极强的感染性，负载动人的价值体验，学生会自然地将自己置于故事情境中，被故事中的间接经验所触动，从而产生感动和共情的情感体验。而道德情感体验是品德形成的中介，是促进主体道德内化的动力。只有经过了体验的道德情感，才能促使道德认识转化为道德行为，提升德育的实效性。认知和情感是互相依存的，情感能促进注意力，关联、共情能够激活兴趣，而共情比关联更加微妙，关联引发关注，共鸣引发震撼。

(二)巧设问题促使自我反观

故事引领过程中，班主任通过巧妙设置问题引发学生的自我反观、自我分析、自我调节，不仅使学生道德经验的建构过程由被动变为主动，而且使简单的说教、规训转变为自我教育过程。如案例《你有没有一颗郑重的心》中的问题"女生做事则是晃晃悠悠，什么是晃晃悠悠？""像不像你的日常？"就是很好的问题，能迅速引发学生深度思考、自我反观。

(三)正反举例明理导行

道德认知和道德价值观念在对比中最容易显露出来，特别是不同事件的比较，能给人留下深刻的印象。选择对比鲜明的故事作为素材，启迪学生分析、比较、讨论，是一种实现明理导行的有效方法。如案例《你有没有一颗郑重的心》中将故事中两位同学不同的做事态度、成年后的现状进行对比，通过举反例促使学生自我反观而警醒，举正例促使学生明理以导行。

(四)善用学生身边事例动心导行

对于青少年来说，同辈是他们进行自我评价的首要参照系，在同辈群体里一旦有了生动具体的形象作为榜样，他们更容易领会道德标准和行为规范，容易受到感染，容易跟着学、跟着走。通俗地讲，同辈群体会像磁铁一样吸引学生靠近。对作为榜样的学生来说，他们的行为、观念被老师与同学认可和赞赏，会激励他们持续强化并最终固化为稳定的品格和习惯；对其他学生来说，真实具体的榜样能引导他们去模仿、实践和体验。

(五)凝练格言式主题强化引领

师生经历对德育故事的理解、反思、讨论、评价等析理过程以后，教师最好以格言的形式凝练出主题(如表 5-1)。凝练出的格言式主题有的既是良好习惯的内容又是养成方法的指引；有的直接就是价值取向的引领。实践证明，这些格言式的表述，对孩子甚至成年人，都有非常明显的暗示性和引领性。

表 5-1　格言式主题

良好习惯养成方法的指引	"无须监督，做最好的自己"
	"重要的事情先做"
	"主动、创造性地做事，可以让你迅速在一个群体中与众不同"
	"把每件小事情做好，你也会光芒四射"
	"勤奋就是每时每刻都全力以赴"
	"目标成就人生"
价值取向的引领	"从来只有拼出来的美丽，没有等出来的辉煌"
	"机会不是均等的，你必须习惯'抢'机会"
	"严格，也是一种慈悲"
	"制度比美德可靠"
	"青春期的孩子未必逆反，优秀的孩子无须逆反"
	"学会拒绝，那是一种高贵的坚守"
	"学会放弃，放弃该放弃的是一种智慧"
	"真正的贵气是一种责任"
	"为他人着想乃一等学问"

当孩子们离开校园，那些修身班会课上的故事，那些格言，那些自己一直都坚持的习惯和坚守的价值观，会深深地烙印在每一个学生身上，教他们做人、做事。

一门极富"营养价值"的课

初中三年，接触到一门极富"营养价值"的课——修身班会。它教会我有一种慈悲叫作严格，有一种比分数还重要的东西叫作思维，有一种贵气叫作责任，有一种理念叫作为他人着想。不知不觉中，我在修身班会上学到的点滴慢慢浸透入我的心中，使得我看见垃圾总会拾起，使得我去主动创造性地做事，使得我在人与人的交往中更懂得考虑别人的感受……总而言之，修身班会源源不断地提供了正能量，如果我在生命中不曾接触到这一门课，定是一种遗憾！

——宋同学（初 2011 级 12 班学生）

初中三年里的修身班会是我永远不变的期待

初中三年里的修身班会是我永远不变的期待。每一堂修身班会都会伴随着一两则有内涵的故事，这是我们最渴盼的。

每周三的修身班会渐渐让我从一名初入初中的学生成长为一名优秀的青少年，同时也以它深刻的内容让我从稚嫩走向成熟。"以故事启迪思维，以思维决定走向""没有拼搏只有拼命"，"和没有理想的人在一起，他会偷走你的理想"……一句句精练而富有深度的格言警句如同新鲜的血液，汩汩地流进我们的身躯，镌刻在我们的心里。

从什么时候起，我开始学会主动创造性地做事？从什么时候起，我渐渐习惯了为他人着想？从什么时候起，时刻感恩已成为我的常态？

忘不了故事中那个为复旦大学之梦而执着并成功了的女孩，以及她说的那一句"花开不败"；忘不了故事中那个为他人着想而获得好运的司机；忘不了故事中发出"人不聪明怎么办？"却又坚持拼命最终圆梦的编程少年。

谢谢修身班会以及那些故事，它们在我青春的路途上留下浓墨重彩的一笔，不断丰盈着我的内心，让我挣脱世俗的桎梏，以更独到的眼光去眺望未来。

三年青春路，幸而有你伴我行。

——李同学（初 2011 级 12 班学生）

在没有目标感到迷茫时，会想起《目标成就人生》的故事；在压力大就想放弃时，会想起老人用小锤去敲大钟的故事；在遇到困难想要退缩时，会想起《越努力越幸运，越逃避越艰难》的故事。在因为计较得失而困惑时，会想起《唐家寺的雨伞》；在因为老师的严格而烦躁时，会想起《白小姐》中保姆秀萍的前雇主对她的严格要求；在偏离目标而被诱惑吸引时，会想起那个兔子带跑了我们所有人注意力的故事……无数的故事已在脑中留下不可磨灭的印记。

——熊同学（初 2014 级 12 班学生）

从小到大，从来没有人给我讲那么多故事，而在每周的修身班会上，我都能听到故事和对故事的分析，汲取里面的精华、营养，把它们变成自己的养料。孙老师，您肯定忘了吧，您在初一的时候给我们讲，不要跟正确逆反。您在班里说，我就保证郭同学初中三年不会逆反。这一句话我记住了，三年，不要跟正确逆反。我很幸运，在最关键的性格塑造期，真的没有逆反，非常平稳地度过了我的青春期。

——郭同学（初 2014 级 12 班学生）

三、故事引领中常见的误区

(一)告知结论式

教师在故事引领环节若直接告诉学生结论，属于简单的告诫，没有对话、没有启发、没有共情，难以触及学生内心、触动学生情感、触发学生行为动机。这样的故事引领是低效甚至无效的。

(二)空洞说教式

空洞说教式是指教师给学生生硬、机械地讲道理，缺乏引领过程中学生的德育自觉与反思，游离于学生的心灵和情感。长期的空洞说教是导致学生产生逆反心理的原因之一。

(三)虚无煽情式

虚无煽情式是指有的教师在进行故事引领时，用偏向文学的方式进行表达，比如用诗歌、排比、播放音乐、深情朗诵等形式。在学生并没有动心动情的情况下虚无煽情，这是形式化的表现，会让学生觉得不真实、不具体，也不知道具体该怎么付诸行动，久而久之会对修身班会产生抵触和排斥心理。

(四)浅表分享式

浅表分享式是指在故事讲述完毕之后，在学生还未动心动情之时，教师急于让学生分享感受。当学生已经融入故事情境中进行深刻的情感体验，内心世界在翻腾，价值经验在重构时，教师却以"来，说说你们的感受……"而中断学生的感悟。这样的引领恰恰错失了学生自我思辨、自我领悟、自我建构的重要环节，引领仍然变为空洞的、无效的说教。

第三节　几种典型的故事引领方法

故事如何引领，才能达到动心、明理和导行？通常有三种故事引领方法，分别是一讲二联三夸赞、艺术的批评、促发顿悟。

一、正向引领：一讲二联三夸赞

"一讲二联三夸赞"中的"一讲"是指对故事进行感染性、启发性的讲述，"二联"是指将故事情境与学生生活实际联结，"三夸赞"是指将榜样举例夸赞。这是在故事引领过程中最易操作也是最有效的方法。

(一)"讲"

"讲"并不是老师读故事那么简单，"讲"要完成吸引人和启发思考两大任务。声情并茂的讲述吸引人、打动人，思考性的讲述引发注意、启发思考。

(二)"联"

"联"是指故事引领时教师将故事的德育内容与学生学习生活中的行为表现联系起来，与故事当中的有关情节联系起来，与当堂修身班会的担当总结内容联系起来。

1. 勾联学生实际

勾联学生实际时，举现场学生的例子进行勾联最能引发学生的关注和参与。当然，班主任也可举其他学生的例子，如其他班的、往届的学生，还可以举与学生生活密切相关的例子。

2. 勾联故事情节

勾联故事情节是指教师在引领过程中，将故事当中关键的情节再一次进行分析引导，将学生带到故事情节中去体会故事的内涵，去感悟故事的真谛。

3. 勾联担当总结

勾联担当总结是指勾联本堂修身班会上学生担当总结与故事情节相关联的内容，可能是正面的言行，也可能是需矫正的言行，可起到强化或警醒、矫正的作用。

(三) 夸赞

1. 夸赞的效应

人都需要被肯定和被夸赞。人就是在别人的夸赞声中认识到自己的存在价值，从而获得社会满足感的。

夸赞能强化动机，促使学生向上。美国著名心理学家詹姆斯曾做过一个夸奖激励的实验，实验结果是：一般人在正常情况下，只发挥了工作能力的20%～30%，通过激励、夸奖调动积极性，其能力可发挥到80%～90%。可见如果对学生的行为及时给予正面评价，就能够强化动机，激发学生向上。

夸赞有助于学生良好习惯的养成。当一个人获得别人的赞美和赏识时，他便感觉获得了支持，从而增强了自我价值，变得自信、自尊，获得一种积极向上的动力，并尽力达到对方的期待，以避免对方失望，从而维持这种社会支持的连续性。在故事引领环节，认可、夸赞学生具体的言行，不仅能继续强化榜样学生，还能借助同辈群体的积极影响，促使其他学生产生效仿冲动，这种方式是非常行之有效的行为引导。

2. 夸赞的素材来源

结合平时的德育实践，夸赞的内容与资源主要来自以下几个方面：

第一，班主任的敏锐观察，收集学生良好行为表现的素材。班主任一定要有敏锐的观察力，善于发现每个学生的优点，尤其是进步的表现。不管是学习上的，还是生活中的，班主任可以用手机及时记录学生值得夸赞的言行表现。

第二，任课教师及家长的反馈。在平时的教育过程中，班主任要充分联动任课教师及家长，收集他们平时观察和了解到的学生优点或进步。然后在修身班会上表扬，这种方式的好处是促使学生面对任课教师和家长能表现良好或持续表现良好。

第三，学生的观察交流反馈。全员担当的班级管理模式让每一位学生都成为观察者、评价者和被评价者，他们能捕捉到生活学习的各个方面，并能在担当总结环节交流、评价。这样做既可以最大限度地发现班级同学的闪光点，又可以充分发挥同辈群体的积极影响，在班级中迅速营造向上向善的班级氛围。

3. 夸赞的内容和形式

第一，内容涵盖面广。修身班会中夸赞的内容应该涵盖学生的各个方面，可以是学习上的，也可以是生活中的；可以是行为习惯，也可以是品格修养；可以是在学校的表现，也可以是在家里的表现……涵盖面越广，对学生的全面发展促进作用也就越大。

第二，形式丰富多样。夸赞的形式有很多，有口头表扬、有肢体动作夸赞、有物质奖励、有教师拍到的照片视频展示、有微信截图等。采用多种形式的夸赞可以多维度、多层面强化学生的良好表现，从而促进学生的习惯养成。

二、反向引领：艺术的批评

学生的成长过程中，犯错是很正常的。对于学生的错误，教师理应为其指出。批评是应该的，核心在于如何批评。首先，批评应该出于对学生成长的关怀与善意，应尊重学生的独特性，引导学生建立善恶是非观念，指向学生自由而全面的发展。这样的批评才具有教育性价值。其次，批评应讲究艺术，不应是态度粗暴、语言激烈的生硬批评，或态度和缓的贬抑、讽刺和挖苦，而应是营造和谐的气氛，针对学生实际情况，借助相关事例启发学生，切中要害地展开批评。在修身班会长期实践中，我们认为艺术的批评应注意以下几点：

（一）扬善于公庭，规过于私室

"扬善于公庭，规过于私室"是指表扬一个人的优点可选在公共场合，而他的缺点过失应在私下里去纠正规劝。艺术的批评需要选择场合。

随着年龄的增长，学生的自尊意识、隐私意识逐渐增强，在公共场合被批评，会让学生觉得在别人面前"丢面子"。尤其是处于叛逆期的孩子，公开对其进行批评极易引起其抵触、反抗。对轻微的犯错行为可以在修身班会上做出提醒，对于严重的不良表现可个别沟通、交流和处理。

(二)"看人点菜"分学生

每个学生都是独特的生命个体，对待不同的学生，教师批评艺术的发挥便显得尤为重要。自尊心较强、自主管理能力较好的学生犯了错，教师可以稍加提醒批评，点到即可；性格内向的学生犯了错，教师可以单独对话，指出问题，提出建议，多加鼓励；性格开朗但自控能力较差的学生犯了错，批评时可适当严肃；屡教不改的学生犯了错，教师可以联合家长进行针对性的教导，持续矫正。

(三)反例析理，正例导行

教师在批评学生时可选取正反事例进行比较。首先，教师讲述故事，让学生自己"对号入座"，引发学生自我反观。其次，教师讲述故事中不好的表现，与故事中做得好的进行对比，让学生自我分析。最后，教师展示正例的良好结果，以此来激发学生自我调节的意愿，激发外化于行的动机。

三、特殊引领：促发顿悟

故事引领中有一种特殊的引领：促发顿悟。

顿悟是一种品德习得的方式。相对于渐悟，顿悟强调直觉之前的沉思默想等知情意的酝酿过程。显然，对于浅显的事理，人们是用不着去顿悟的，也就是说，对于认识浅显的事理，知情意的酝酿过程几乎是不存在的。

能促发顿悟的引领是一种极其特殊的形式。它的特殊之处在于故事素材来源特殊和促发顿悟的时机特殊。这种形式的引领比较少见，属于高境界的引领。

(一)怎样的故事适合促发顿悟

有些故事的内容具有强烈的吸引力，主题非常鲜明，有清晰的德育逻辑体系和哲理性，能自然构建关于道德、态度、情感的情境，很容易撼动学生心灵。教师也可在原有素材上进行加工整理，如课例《一堂静穆无声的修身班会》选用的故事就是由《跟孔子学当老师》这本书的内容整理而成的。

(二)促发顿悟的时机

教师一定要有敏锐性，观察并把握顿悟生成的时机。当学生听完故事以后，内心正在翻腾，多种价值观正在激烈斗争。此时，教师点拨、设问、勾联、追问，促使学生价值观在短时间内完成重构，产生顿悟。这种情形可能没有一个人举手，没有一个人发言，只有表情、凝重的思索、深沉的反观……

后　记

自 2016 年修身班会课程化建设成果在成都市推广应用以来，班级德育的两大改革——"全员担当"和"修身班会"受到四川省内外德育工作者，尤其是班主任的广泛关注。我多次和徐文基教授讨论这个问题，他告诉我说一项改革如果是科学的、合理的、能解决班主任遇到的共通问题和老大难问题的，那么它必然会受欢迎。

随着修身班会课程化建设成果影响的扩大，班主任在实施过程中的询问也越来越多，越来越细，如：

"担当"最开始如何设置？"担当"是固定的吗？设置了"担当"还设置"班委干部"吗？"担当"的履职如何评价？如何才能让"担当"的履职到位且持续？

小学低段可以实施"担当法"吗？小学低段操行分评价如何记录？小学生的"担当总结"容易开成"告状会"和"批斗会"又怎么办？

"担当法"之后一定要采用"故事法"吗？不讲故事行不行？开展活动可以吗？如果采用"故事法"，故事从哪里找呢？找什么样的故事才能"动心导行"呢？修身班会课有主题吗？主题是如何确立的？……

班主任们提出的这些细致的问题，问得好问得准，它们的确是实施过程中容易遇到的困惑。我们在成都棠湖外国语学校全校推广实施九年，通过"修身班会课"上课表、每年 11 月对起始年级班主任的修身班会课全员督导、督导前的修身班会示范课及研讨、集体答疑沙龙等多种途径和多年跟进，才帮助班主任们解决了以上问题。

可是，其他学校的班主任没有这些条件，怎么办呢？同事们建议说编写一本修身班会课程实施策略的书，既解决老师们的疑问，又把班级德育改革的成果深化细化。于是自 2018 年 12 月，我们带着工作室学员们开始着手编写这本小册子。带着一群人写书远比一个人独著困难，认知有参差，表达有差别，风格不统一……我们只能一遍一遍地推翻重写。尤其到了统稿阶段，删掉、更换、重写……小三十万字的书稿最后变成今天的十余万字……五年多来，这本图书的撰写经历了重重困难，但学员们在这个过程中收获多多，倒也很是欣慰。图书的出版又经历了多次调整与修改，历尽曲折这本书终于即将付梓，实感欣慰。为此，我特别感谢为这本书付出的每一个人。

本书的整体框架由孙晓晖和徐文基提出，各章节的统稿和修改由李全、张晓蓉和苟树林负责，各章节具体分工如下：第一章：黄小科、李晓丹、李小琴；第二章：毛传友、苏冬冬；第三章：刘丹丹、涂晓娟；第四章：徐兰、嵇柯伊；第五章：费菲、李琳琳、曾林。

感谢参与编写的成都市常青树学术导师孙晓晖工作室学员、双流区孙晓晖名班主任工作室学员、成都棠湖外国语学校修身班会课工作室学员。教学相长，正是有了他们在不同地域、不同学段的修身班会实践，才有了这些真实、细致又有效的策略与案例；也正是他们在实践中令人惊喜的效用反馈，激发着我们要把成果不断细化、不断深化、不断提炼，造福孩子们，助力老师们。

感谢成都棠湖外国语学校的领导。他们从管理层面大力支持修身班会课程的研究、实施和推广应用。有了学校的顶层设计与制度规范，我们的班级德育改革才结成了果，才把"立德树人"这个宏大的命题通过班会课这个小切口落到了实处，并走出校门、走向全国，为广大德育工作者提供了一条有效育德的路径。

感谢教育部普通高中及义务教育课程方案和课程标准修订综合组核心成员、华东师范大学课程与教学研究所博士生导师、校本研究专家吴刚平教授在百忙之中抽出时间专门为本书做序，吴教授的认可将鼓舞我们继续深入地开展班级德育的校本化研究，促进中小学"立德树人"教育的落地。

感谢敬业、亲和的北京师范大学出版社伊师孟老师，她亲自担任策划编辑和责任编辑两项工作，为本书的策划出版和斟字酌句的编加耗费了不少心血。

《修身班会实施策略》即将与读者见面了，希望这本书能给中小学班主任带来有益的帮助，能为中小学生习惯的培育带来全新的实践，能惠及更多的儿童和青少年！